Sempre há uma LUZ

A VIAGEM DE UM ROQUEIRO AO ALÉM

Sempre há uma LUZ

A VIAGEM DE UM ROQUEIRO AO ALÉM

Sérgio Luís

PELO ESPÍRITO

Ruggeri Rubens

intelítera editora

O médium, Sérgio Luis, cedeu os direitos autorais deste livro ao
CHAMA - Centro Humanitário de Amparo à Maternidade
CNPJ 14.828.337/0001-04
Rua Dr. Raimundo Guimarães, 181 - Coité - Eusébio - CE - CEP 61.760-000

Sempre há uma luz

Editores: *Luiz Saegusa* e *Claudia Z. Saegusa*
Capa: *Casa de Ideias*
Imagens da Capa: *Shutterstock - Copyright: DeshaCAM e Beto Chagas*
Projeto gráfico e diagramação: *Casa de Ideias*
Revisão: *Casa de Ideias*
1ª Edição: *2016*
Impresso no Brasil *Printed in Brazil*

Esta obra foi editada anteriormente por outra editora, com o mesmo título.

intelítera editora

Rua Lucrécia Maciel, 39 - Vila Guarani
CEP 04314-130 - São Paulo - SP
11 2369-5377
www.intelitera.com.br - facebook.com/intelitera

Dados Internacionais de Catalogação na Publicação (CIP)
(Câmara Brasileira do Livro, SP, Brasil)

Rubens, Ruggeri (Espírito).
Sempre há uma luz / espírito Ruggeri Rubens ; médium Sérgio Luís; -- 1. ed. -- São Paulo: Intelítera Editora, 2016.

1. Espiritismo 2. Psicografia 3. Romance espírita I. Luís, Sérgio. II. Título.

16-02276 CDD-133.9

Índices para catálogo sistemático:

1. Romance espírita psicografado : Espiritismo 133.9

ISBN: 978-85-63808-66-0

SUMÁRIO

AGRADECIMENTOS

À tríade: Pai – força que nos criou; Jesus – mestre orientador da humanidade; e o Espírito Santo, ou Espiritualidade – conjunto de individualidades, fontes inteligentes, sem as quais vagaríamos neste planeta como náufragos.

Em essencial, aos amigos e orientadores espirituais, que auxiliaram o autor deste simplório trabalho, especialmente a Luiz Sérgio de Carvalho.

Ao próprio autor, que se identifica como *Ruggeri Rubens*, com quem aprendi um pouco mais a não desistir diante das tempestades morais e materiais.

No plano terreno, aos meus pais: Luiz Jacinto Alves e Maria do Carmo Sousa, onde quer que estejam no universo, pela educação, respeito e amor incondicional com que me criaram.

À minha família: Maria Nilta, esposa dedicada e mãe das nossas queridas filhas – Mayara, Beatriz e Amanda, que também nos presenteou Ana Luíza.

Ao prestimoso amigo e irmão Luís Eduardo Grangeiro Girão – incansável ativista na divulgação da paz e do bem – por acreditar neste trabalho desde o princípio.

Finalmente, aos editores Luiz Saegusa e Claudia Saegusa, por darem continuidade a esta obra.

PREFÁCIO

Meus queridos amigos, que as bênçãos do Pai recaiam sobre todos, viajores que somos desta astronave chamada Terra, construída à mercê e à bondade d'O Justo, para nos conduzir ao paraíso da renovação prometida.

Feliz por estar aqui, agindo em prol dos desígnios d'Aquele que nos supre as necessidades e as forças, eis que me regozijo pelo labor desinteressado, servindo ao lado de *Ruggeri Rubens*, pseudônimo que preferiu adotar o comunicante, como medida de precaução e de simplicidade; querida criatura com quem pude compartilhar amizade terrena em outras eras.

Em linguagem corrediça, sem maiores dificuldades para entendimento, pôde ele gerar mais uma fonte de bênçãos, a jorrar límpida água, com origem na montanha da vida, para saciar a sede das criaturas.

Assim como atingiu o auge do sucesso na Terra, conheceu, identicamente, os reflexos que os abusos lhe proporcionaram, embora isso não tenha retirado totalmente o brilhantismo da sua tarefa material, seja por conflitos pessoais ou emocionais.

Suas letras e músicas são e ainda serão ouvidas por longo tempo, acalentando e renovando as esperanças dos jovens de todas as idades.

Certamente – e esse é o nosso propósito – esses jovens, em reflexão mais adequada, poderão, como leitores, sorver o líquido da renovação, oriundo dessa mesma fonte, deixando de lado os refrigerantes efêmeros da materialidade. De certo modo, isso os agrupará em legiões de esclarecidos rumo à fraternidade, sem mesclas ou discriminações.

A mensagem aqui depositada nos convida à compreensão de que somente eliminando o preconceito frívolo conseguiremos transformar as sociedades modernas em verdadeiros oásis de harmonia e de felicidade.

Nesta obra, Ruggeri tem por simplória e valorosa tarefa, relembrar que as dores são construções fundamentadas na ignorância e na pequenez moral, conscientizando-nos de que somente pela compreensão das leis divinas, com base na razão, poderemos nos conduzir ao único sistema para atingir a perfeição – a reforma íntima –, que nos tornará criaturas desatreladas dos pungentes sofrimentos com os quais se debate a humanidade.

Por isso, insistimos tanto nessa tecla. O mundo progrediu, materialmente falando. As pessoas também, mas, por sermos os mesmos espíritos do passado, ainda em aprendizado, assistimos hoje ao resultado do plantio feito outrora. O que não mudou e nunca mudará é a verdade infinita e preexistente chamada amor. Ele, vivido e sofrido (ou não), nos fará vencedores da maior e mais árdua de todas as batalhas: a moral contra nossas más tendências e vícios.

Superados esses embates, no limiar dos tempos vindouros, algum dia, congregados no âmago do Grande Eterno, poderemos caminhar livres, sem temores ou discriminações, e dizer abertamente: Eu te amo! Nós nos amamos! E é isso que esta obra literária pretende: conduzir a uma reflexão que nos torne capazes de perguntar: O que estou fazendo por mim; pelo próximo... Por Deus? No âmago de todos que se decidam, sincera e persistentemente, a enfrentar esse ferrenho combate, será possível encontrar todas as respostas.

Estejam certos, amigos, aí, aqui ou em qualquer lugar, caminharemos lado a lado, rogando à Suprema Providência que nos fortaleça na incessante busca de soluções, sem que esqueçamos de que há uma bússola para encontrá-las: O Evangelho prático de Cristo.

Portanto, soltemos as amarras da materialidade! Icemos as velas da boa vontade em busca de sermos amor! Sem esmorecer... Sem desistir!

Muita paz a todos!

É o desejo do amigo e irmão,

Luiz Sérgio de Carvalho[1]

(*Mensagem psicográfica recebida em 30 de maio de 2000, no encerramento das mensagens anteriores que, posteriormente, configuraram a presente obra.*)

1 **Luiz Sérgio de Carvalho**, carioca, nascido em 1949 e desencarnado em 1973, vítima de acidente automobilístico, autor de vários livros psicografados por médiuns diferentes, sendo o mais conhecido deles: *O mundo que eu encontrei* (Editora Recanto, 1976).

O INÍCIO

Depoimento de um tarefeiro espiritual em serviço de resgate

Caminhávamos dentre inúmeros corpos inertes e decompostos de pessoas que nem se davam conta de que não pertenciam à matéria. Estávamos à procura de alguém. Portanto, nosso destino era certo! Fôramos instruídos para ter paciência, acurando nossa visão, o que era dificílimo em meio à densa bruma do ambiente em que estávamos.

Em breves minutos, chegamos ao destino: um imenso cemitério. Já não bastasse o aspecto lúgubre das lápides, que mais se assemelhavam a guetos de segregados, pudemos ouvir um canto forte, entremeado pelas emoções e chorumes desconcertantes de muitos que ali estavam.

De repente, nos deparamos com jovens, adultos e velhos, irmanados em um único sentimento: o pesar.

– Saulo, o que viemos fazer aqui? – perguntei ao meu instrutor. – Por que nos foi indicada tal visita a estas paragens?

– Viemos libertar alguém. Um dos nossos... – asseverou o prestimoso e imbatível amigo.

– "Um dos nossos" necessita ser libertado? – inquiri.

– Sim. E por que não poderia? Acha, porventura, que somos infalíveis?

– Assim pensei...

Saulo esboçou um breve sorriso, tocando levemente em meu ombro, para tornar, em seguida, à seriedade costumeira de espírito adiantado, estando nós, eu e mais alguns companheiros, a segui-lo em aprendizado.

Conforme orientado, seria muito útil nossa ida àquele sítio do "último adeus", como pensam inúmeros encarnados. Essa foi a instrução dada antes de sairmos de nosso posto. Irrequieto e curioso, apressei-me em saber o que ocorria à revelia do meu conhecimento de aprendiz.

– Mas quem é essa pessoa que está sendo enterrada, Saulo?

– Enterrado, não. Cremado! – esclareceu o instrutor. – Por hora, urge que façamos silêncio mental, substituindo nossas atitudes íntimas pelo mais absoluto condicionamento da prece edificante. Temos de transpor uma barreira viciosa e virulenta até chegarmos ao nosso destino.

Confesso que, por minutos, tentei me desvencilhar da minha natural curiosidade, o que atrapalhou, sobremaneira, o equilíbrio psíquico que o momento exigia.

Ao me ver desconcertado, Saulo pôs sua destra luminescente na minha testa, enregelando, por assim dizer, meu universo mental. Acalmei-me, para só então poder concatenar pensamentos mais tênues e seguros. Pensava em Jesus e na amada Maria – a mãe Santíssima, a quem tinha enorme devoção desde as lides carnais.

Mais alguns instantes decorreram, até que ingressamos em uma sala que, para mim, se assemelhava a um castelo medieval. Interessante verificar aquela sobreposição de imagens entre as paredes materiais contrapostas por camadas mais etéreas[2] da nossa dimensão.

"Seria mesmo um castelo?" – refleti mentalmente.

No interior do lugar em que nos prostramos em prece, havia muitos encarnados, mas uma considerável e triplicada aglomeração de desencarnados das mais variadas formas e estirpes. Dentre estes, alguns, mais despojados, saracoteavam em dança sensual, bailando ao som dos hinos entoados pelos demais presentes, que permaneciam do lado de fora. Outros comemoravam e bramiam palavras desconexas e poucos, bem poucos, se postavam em verdadeira atitude de prece.

Não pude me deter em maiores observações. Nossa tarefa começaria a partir dali.

– Raul, faz-se necessário que penetremos na câmara crematória para efetuar o desligamento do moço – disse nosso orientador a um dos companheiros.

– Decerto, Saulo! Foi para isso que viemos. Contudo, ressalto; o ambiente está deplorável! Sinto inúmeras forças con-

---

2 Etérea - relativo ao éter, que tende a ser volátil ou fluido. Também apresenta significado figurado, relativo ao que é sublime, celeste ou delicado.

trárias ao nosso intento. É como se viessem de muito longe... de fora daqui.

– Sabemos, meu caro. Contudo, confiemos na providência divina que nos trouxe até aqui e que, certamente, nos fará triunfar – assegurou o guia.

Sem demora, Raul, que se tornara perito na captação e transformação de energias psíquicas, chamou Luzia, uma outra especialista, só que em desencarnação, a qual logo se aproximou do ataúde.

Seguimos Raul e Luzia, ladeando o esquife, onde estava o corpo do espírito que viemos resgatar, pude então, para minha surpresa, ver quem era... Ou pelo menos quem fora. Quase desfaleci de susto e, se não fosse o concurso dos demais companheiros, certamente teria perturbado o grupo de resgate por causa de minha insegurança em tais trabalhos, já que eu era um aprendiz. Apenas um aprendiz...

– Jesus Cristo! Mas é o... *R. R.*!

– Sim, é ele mesmo... – impostou Saulo um tanto sisudo. – Todavia, o seu espanto em nada o ajudará. Fará mais mal que bem. Renove-se, equilibre a sua mente, pois o passaporte desta criatura para outras paragens depende de nossa retidão de propósitos.

– Perdoe-me! – em sinal de reverência à sua autoridade moral, respondi baixando a cabeça e me recompus.

Não sei ao certo quanto tempo passou, já que estávamos em sintonia e preces. Para minha surpresa maior, o invólucro mortuário foi colocado no forno crematório.

– Mas vão queimá-lo! – espantei-me apalermado.

– Mantenha-se calmo! – atalhou Raul, complementando. – Lembre-se do Mestre; conserve a prece!

Algum tempo depois, abriram-se os gases, iniciando a combustão da fornalha.

"Meu Deus! Ajudai-nos a conseguirmos tirá-lo daí!" – pensei.

Só pensava no bem-estar do assistido. Queria-lhe muito bem. Amava-o! Adorava suas músicas, quando estava dentre os "vivos" da Terra. Não queria que sofresse, assim como nunca suportei ver ninguém sofrer. Imaginava que, sendo queimado, sentiria dores atrozes, mas, relevando esses detalhes temerosos de minha mentalidade ainda tão arraigada ao plano material, abandonei essa atitude para pedir por ele ao Pai Todo-poderoso.

Decorridos alguns instantes, sentimos uma forte torrente energética invadir o ambiente, sem que soubéssemos a origem. Somente Saulo pareceu ter certeza de onde provinha, já que o fluxo de bálsamos envolveu toda a câmara crematória. Não demorou muito, Saulo, Raul, Luzia e dois outros traziam o combalido espírito; conhecido de muitos, detestado por outros; amado pela maioria. O moço estava envolvido em uma nuvem gasosa e pardacenta, como se fosse um invólucro protetor.

– Pronto, meus amigos, conseguimos! – exclamou Saulo. – Doravante, agradeçamos em prece ao Senhor da Vida, que nos deu a permissão de retirar do sofrimento esta alma tão cara aos nossos propósitos; falida, mas merecedora da nossa atenção pelos atos de outrora

Saulo, contagiado pela felicidade, pediu a Raul para fazer a prece de agradecimento pelo objetivo alcançado.

– *Deus, nosso Pai... Amor e vida. Elevamos hosanas a Vossa bondade infinita, sem a qual seríamos apenas marionetes em um bailar de sofrimentos. Vosso amor, precioso e justo, faz-nos crer que somos todos eleitos, sem discriminações, bastando para tanto que nos coloquemos à mercê de Vossa misericórdia, por intermédio de atos dignos e elevados. Vedes a condição de nosso querido irmão de tantas lutas, perdoando-lhe os erros e, quiçá, devolvendo-lhe a oportunidade de reaprender na escola da vida a engatinhar ao Vosso rumo, como criança espiritual que ainda somos todos. Fazeis que creiamos mais ainda em Vossos desígnios, em que prevalecem o perdão, a magnitude do amor, a interação com o cosmo do bem, a virtude imorredoura que nos propicia a Vossa paciência eterna. Obrigado, Senhor, muito obrigado!*

Admirado com a atitude do irmão e amigo, vi Raul resplandecer em luz, a qual nos envolveu a todos. Logo em seguida, volitamos[3] para local distante daquele sítio de despedidas, conduzindo o nosso assistido. Não pude me furtar a dizer:

– Graças a Deus!

3 Volitação – mecanismo de locomoção do espírito liberto da matéria. Ato de elevar-se, percorrendo distâncias.

Tentei, em vida, escrever minha trajetória, fazendo isso com o giz da matéria ou com os pedaços de tijolos do meu orgulho irreverente. Esqueci como os verdadeiros artistas de Deus escreveram suas histórias. Suas obras foram traçadas pela habilidade da caridade, pelo verniz do amor e pela tinta indelével da experiência, nas telas da vida, em constante ascensão para a perfeição, que é eterna.

Algum dia, falei que escreveria um livro, quando tivesse mais idade. As circunstâncias me fizeram mudar de ideia e muitos me ajudaram nisso. Não reparem; a gente sempre pode mudar nossos rumos.

R. R.

1

O FIM... FOI POR ONDE COMECEI...[4]

Naqueles instantes fatídicos, se antes eu conseguia ver aqueles que me ladeavam, de repente deixei de enxergá-los. Meus olhos cerraram e tive a sensação de estar cada vez mais só.

Seria mais uma noite de sono à custa de drogas que me inebriariam o corpo durante muitos anos; químicas que nunca me tornaram mais feliz. Quando muito, apenas bem mais dependente do carinho daqueles que verdadeiramente me amavam. Adormeci, entregando-me aos braços de Morfeu[5].

O silêncio se fez, não pude enxergar mais nada do quarto onde me encontrava deitado. As dores haviam cessado. Tudo pareceu calmo, porém, no íntimo, bateu-me uma indizível sensação de intranquilidade, inquietação e medo.

---

4 Nota da Editora - Os textos deste capítulo refletem a conturbação pela qual passou o Autor espiritual, após a sua desencarnação. As cenas descritas refletem sua visão, como narrador, intercalado com alguns pensamentos recordando algumas de suas existências passadas.

5 Morfeu – Deus mitológico do sono.

"Dormirei!" – pensei. – "O enfermeiro me aplicou algum calmante. Certamente é o efeito do medicamento".

Insistia em ficar acordado e pensar no que fizera de minha vida.

"Vivi-a!" – rememorei, achando a situação engraçada, apesar da doença, pois tinha uma quase noção de que estava dormindo; quem sabe até sonhando. Não sabia ao certo. A única certeza que tinha era de que, finalmente, descansaria.

Uma voz... Escutei uma voz; como um sussurro, vinda de longe, muito longe! Não consegui distinguir os termos ou expressões.

– *Ruggeri... reaja! Ore... peça ajuda a Deus!*

"Devem ser os enfermeiros... Ou quem sabe papai!" – calculei em pensamento.

Passei a sonhar com cenas da minha vida, intercaladas com inúmeras imagens desconexas. Filmes? Havia assistido muitos. Scorsese, De Palma, Fellini, Bertolucci... Assisti muitos! Ah, o cinema! Que maravilha! Amara-o... A expressão do homem comum... Criatividade... Pensamento. Retratos da vida? Minha vida... Sim, minha vida. Tudo desfilou na minha telinha íntima... meu *home theater*.

Um filme rápido. Alta rotatividade! Mas eu não compreendia tudo. O ator principal era eu. Que engraçado! Eu, ator? Nunca fui bom ator. Queria mesmo era ser o diretor. Pessoas amadas, pessoas detestadas. Odiadas. Não! Não posso ser o ator de mim mesmo, eu escrevi as peças. Sou o regente, produtor dos atos, o criador deles... Ator, não!

As cenas passaram a ser cada vez mais rápidas e confusas, enquanto digladiava com meus próprios inquéritos mentais. Olha só, estou vestindo roupas engraçadas! Não é meu jeans, nem minha camisa. Não gosto de roupas assim. São gozadas. Dariam uma boa capa de CD.

Em outro instante... Um cavaleiro... Que garbo! Que imponência! Homem lindo. Escudo fantástico! Levanta o elmo agora. Jesus! Sou eu... Aquele cavaleiro sou eu! Um templário! Sou eu! Jesus!

De um momento a outro, as imagens arrefeceram, para retornarem, logo em seguida, com muito mais intensidade: Fogo! Estou no fogo! Minha carne arde, a dor é incontrolável! Deus! Agi em Vosso nome. Por que esses que estão à minha volta querem me queimar? Sou um dos vossos guerreiros... Não! Não... O que fizeram da minha carne? Ela queima... Cinzas... Somente cinzas! Onde está Deus?

A ciranda parecia interminável: Que estou dizendo? Era só um sonho. Em breve acordaria. Logo mamãe estará aqui. Mandei chamá-la. Tenho dinheiro agora e posso mandar buscá-la. Graças a Deus, não há mais fogo. Só cinzas. O que restou do ator? O que restou de mim?

Jacques, Geoffrey, Henry, Somiers... amigos! Que saudade! Onde estarão vocês? Amo-os todos. Nossa causa não foi perdida. Venceremos um dia.

Ah! Que pena! Mudou a fita. Estou em outro ato. Continuo atuando, sou o ator novamente. Diante de mais cenas desconexas, esbravejei como se estivesse em uma sala de cinema:

– Por favor, querem passar essa fita mais devagar! Mas que droga de espelunca! Vou exigir o meu dinheiro de volta na saída.

Recomeçou. Agora creio que vão passar algo decente. Que tal uma fita do De Palma? De Palma... Estou a fim de diversão.

Sem muita demora, outros cenários apareceram: Nossa! Agora escrevo... Sempre gostei de escrever. Peças. Muitas peças! O amor... escrevo sobre ele, sobre a decepção daqueles que o experimentam. Dramas. Sofrimentos humanos. Como sofremos! Por que Deus nos deixa sofrer? Retratos de vida. Somos nós! Sofremos por amor...

– *Ou será por não saber amar?* – Naquele turbilhão revolto, consegui distinguir essa frase, que pareceu vir de outra pessoa.

– Quem perguntou isso? – inquiri e prossegui. – O que é, então, o amor? Estou à procura do amor! Escrevo coisas indecorosas, de uma libido exacerbada, desejo, paixão. Aqueles que me leram se deliciaram e sonharam. Eu levei-os a sonhar. Quem não sonha é morto! Mas... eu estou sonhando. Vendo filmes de minha vida. Eu, o ator. Será que estou morto? Tolices, mortos não sonham... Alguns amigos meus, mais metidos a filósofos, sempre diziam que vivemos nos sonhos e que eles são como expansões da alma.

"Besteira! Meus amigos leem tolices demais." – pensei.

Li muito sobre isso... Mas são bobagens. Coisa de futurólogos, visionários, profetas...

– *Jesus era um profeta?* – Novamente, mais uma pergunta vinda de um emissor misterioso, se fez no ar.

Temo que meus amigos tenham razão. Não digo isso para muitos, mas não é hora para falar dessas coisas. O filme continua e o espetáculo não pode parar.

– Por favor, não me atrapalhem! – bradei, percebendo que outra torrente de cenas havia recomeçado.

Novamente escrevo. Dramas! Pitadas de romance, textos picantes, sensualidade. O amor indiscriminado! Amar não depende de sexo, cor, credo, raça, convicção política... Nada! Amar é amar e pronto! Ouço vozes... Agora o meu filme tem trilha sonora. Melhorou! Muitas vozes. Jovens! Que beleza, cantam as minhas músicas... Mas a febre que não passa, e esse filme que não cessa... Que insanidade! Estarei louco?

Novos tormentos desfilaram à minha frente. Dessa vez, uma bela mulher. Eu a amo. Ela me ama. Fugimos. Estou apaixonado. Reencontrei o amor. Escândalos.

– Superaremos isso, meu amor – disse-lhe. – Estarei contigo além da eternidade; se ela existir.

O que digo? Sinto que ela existe. Acredito intimamente que existe.

Não! Estou morrendo novamente. A tosse que não cessa, o sangue que escorre. Não me deixa morrer, meu amor! Tudo se apagou. Onde estão os meus livros? Escrevi-os. Guardem meus artigos. Escrevi meu testamento?

Ah! Que bom. Já não estou mais morto. Faço o papel de um bonito jovem. Dezessete, talvez dezoito anos. Aquele é meu pai! Conversamos... ele me passa um encargo: "Lute, *figlio mio*, lute! Salve a nossa pátria do Fascismo! É a besta do Apocalipse!"

Aqueles lá são minha mãe, irmãs e irmãos. Tenho casa, minha terra é linda.

Que é isso? A guerra, a besta do Apocalipse. Foi o Fascismo! Meu pai tinha razão, eles vão destruir o mundo. Não permitirei. Sou jovem, tenho força e inteligência. Sei ler e escrever. Alistar-me-ei no exército. Meu pai me proíbe. O exército é do *Duce* – fascista maldito! Abaixo o *Duce*! Morte ao infame! Meus pais! Irmãs violentadas, irmãos prisioneiros! Fuzilados! Odeio o Fascismo! Enviados da morte... bestas! Sou um cavaleiro também. Vou lutar pela honra dos meus pais.

Tomazzo, jovem e forte. Meu amigo.

– Veio lutar comigo, *amico mio*? Faremos um bom par de soldados pela liberdade. *Figlio de Dio*!

Lindo e formoso.

– Lutaremos lado a lado, até a morte! Não! Tomazzo, tenha cuidado! – gritei em desespero. – Cuidado! Não! Não vá!

Ele morreu... Morri também... Foi tudo embora! Tudo se apagou mais uma vez. *Fade off*.

Ouço músicas. E essa música que não para! Já cantei muito para vocês. Quero assistir meus filmes em paz! Estou com febre novamente, sinto meu corpo arder. Preciso de medicamentos! Chamem papai! Injetem-me algo! Não posso ter convulsões! Preciso voltar ao estúdio! O produtor me espera. Meus projetos não podem parar... Mas, no momento, quero apenas assistir às minhas fitas.

Mais cenas. Agora eu sou eu mesmo. Sinto muito, mas não posso deixar de ser assim. Penso, falo e rio, brinco e amo. Assim sou eu! Um cavaleiro ambulante. O vil metal. Cantar é o que sei fazer, não queiram que eu seja diferente. Eu amo meus pais. Adoro esse lugar. Os meus amigos preferem ser tolos, eu não! Quero ser alguém. Quero ser amado! Gosto da vida. Odeio esse colégio! Vou escrever novamente. Quem sabe algum dia eu seja um jornalista. Tenho de mudar a cabeça desse país de hipócritas. Não suporto esses políticos que fazem o povo de escravo.

– Não sou um fantoche! – esbravejei. – Tenho cabeça, inteligência para pensar e disposição ao trabalho. Já escrevi ao mundo antes e o mundo me aceitou. Agora, vou cantar para ele. Serei aceito novamente.

– Sinto-me excluído. Uma pária social...Um abortado! Plugo o meu violão e faço um som. É assim que viverei, fazendo música! Vocês me excluíram, mas eu me vingo. São os fascistas que querem o poder, aqui também no *Brasil, o país do futuro*. Li isso em algum lugar. Tenho lido muita coisa. Vou compor. Sou diferente dos meus amigos. Eles adoram falar de garotas. Mas eu procuro alguém. Esse alguém não está nelas. Um amor... Bem que eu tento amar.

– Mamãe, sou diferente. Não forcem a barra! Não briguem comigo por isso! Estou em busca de algo: o amor, não importa de onde ele venha, não me interessa em quem vou encontrá-lo. Sou ariano, saca? – proferi com indignação.

Vejo os palcos. Luzes, câmeras, muita ação. Novamente sou ator de mim. Agora sou eu. Canto, danço, as pessoas cantam, riem, pulam, se embriagam. São lindos! Juventude maravilhosa. Fantástica geração que ainda assiste enlatados americanos[6].

– Vocês são a esperança do país. Não deixem que eles afoguem seus sonhos! Permitam-se ir e vir livremente. Deixem que o amor penetre em suas entranhas. Me amem! – delirei.

– Meus amigos. Meu amor... E essa maldita febre que não passa! Por favor, me deem uma luz aqui. Está ficando escuro demais. Estou tonto. Onde está você, "*papá*"? – clamei desesperado.

– Ah! Finalmente, estão me remexendo. Sinto agora que me levam para algum lugar. Talvez para o hospital. Acho que tive uma recaída. Mas que droga! Acabou o filme. Está tudo

---

6 Enlatados americanos – refere-se a filmes americanos que antigamente eram acondicionados em latas.

tão escuro. Eu bem imaginei que a sobrecarga energética de uma cidade como o Rio provocaria um blecaute. O calor está aumentando!

Alguém, de repente, me chamou:

– *Ruggeri! Ruggeri! Meu filho... Acorde! Venha comigo. Precisamos sair daqui. Já não pode mais ficar. Acorde, meu filho. Venha comigo*!

– Conheço essa voz – disse-lhe. – Você é o mesmo que falava comigo na hora de compor minhas canções. Sim, sei quem você é. É minha mente que fala comigo.

– *Ruggeri, você precisa ver o mar. Gosta tanto dele. Para amainar sua febre, tem de vir comigo. Vamos à praia.*

– Sim, quero ir à praia. O ar marinho me fará bem.

Tudo se apagou em definitivo. Não vi mais nada! Como se tivesse deixado de existir.

Ali foi o princípio... O recomeço da minha nova caminhada.

***

Entregara-me à vida ou à falta dela. Permitira-me escorrer pela sarjeta da anorexia. A doença me carcomeu. O monstro cresceu e tomou forma, até me dominar completamente. Assim o permiti. Estava cansado de viver. O cavaleiro destemido entregou-se ao inimigo.

Mas foi somente o prelúdio...

Shangri-La, Xanadu, Canaã, Éden... Tudo é verdade! E por que não? Estou em um paraíso onde se vive, trabalha, respira, onde todos se respeitam. O preço? Boa vontade, caridade, tolerância, paciência, reforma interior. Mas ainda não é o céu...
Este é bem mais longe.

Alguns questionam: “Como pode um pervertido alcançar o paraíso?” Meus amigos, o paraíso estará onde nos sentirmos felizes... E eu não sou um devasso. Cometi alguns erros, mas algum dia eu os resgatarei.

Há quem imagine que devamos resgatar tudo pela dor. Percebi que não posso carregar o peso da cruz daqueles que sentem, no masoquismo, a razão das suas trajetórias. Eu prefiro resgatar meus débitos pelo amor que estou aprendendo a sentir.

R. R.

2

A ESTAÇÃO DOS JASMINS

Sem me dar conta do espaço percorrido ou do tempo avançado, recordo que me levaram a um lugarzinho aconchegante, parecido com um pequeno sítio em meio a uma densa camada de nuvens escuras. Um lugar bastante arborizado, que me fez lembrar Brasília e suas largas avenidas. Contava com uma casa avarandada, típica de fazendolas interioranas, ladeada por imensos e fartos jardins. Em frente a ela, uma única fonte jorrava água límpida e abundante.

Estava péssimo, tonto, com náuseas constantes e muita febre, como se houvesse acordado de um pesadelo. Inúmeras pessoas trajando vestimentas de fino tecido, mas de muita simplicidade, iam e vinham lentamente. Algumas, ou quase todas as que me olhavam, pareciam me conhecer.

– Oi, Ruggeri, tudo legal? – disse uma linda jovenzinha de cabelos longos. – Estou muito feliz por tê-lo conosco. Espero que goste da estadia.

Olhei-a atônito, pois todos ainda me eram estranhos. Exalavam felicidade, mas eu não me sentia assim. Estava conturbado, cheio de dúvidas, além da horrível sensação de degradação física.

"Me conhecem devido à fama! É só isso..." – articulei mentalmente.

À medida que ingressávamos mais naquela estância, pude notar que estava dentro de uma espécie de equipamento, semelhante a uma bolha, interligada a outros aparelhos, em que eu podia respirar ar puro, sem tantas dificuldades; coisa que há muito não fazia. Era uma espécie de casulo maleável. Envolvia meu corpo em toda a sua extensão, embora não sentisse, por causa do entorpecimento.

Finalmente, na porta da sede do lugar, três pessoas simpáticas vieram nos receber, saudando os indivíduos que me trouxeram. Um deles, parecendo ser o mais maduro, aproximou-se e cumprimentou-me:

– Bom dia, Ruggeri!

Por momentos, tive a impressão de conhecê-lo. Era alto, cabelos grisalhos e usava um bigode à italiana, dos anos 1930. O outro era mais moço, baixa estatura, também usava um bigodinho menor, todavia, demonstrava bastante simpatia. Entre eles, havia também uma senhora muito bonita, aparentando uns 50 anos, de tez limpa, quase sem rugas e esboçando um enorme sorriso. O de estatura mais baixa veio até mim e disse:

– Salve! Quanta satisfação em vê-lo. Nós o esperávamos ansiosos. Fico muito feliz. Meu ídolo está aqui. Mais tarde, certamente, pedirei um autógrafo a você – brincou.

Os que estavam em derredor bateram palmas. Confesso que não os entendi naquele momento. Eu era um doente, não estava nos palcos, sequer podia cantar para aquelas pessoas que pareciam felizes. Senti-me impotente, apesar de tanto calor humano. Chorei enquanto o mais velho deles arrematou:

– *Figlio mio*, que Deus o abençoe. Sabemos que suas lágrimas são de incompreensão, incerteza, apreensão. Talvez não entenda o que se passa contigo, pois tudo foi muito recente. A doença, a perda da vida, a falta dos familiares e amigos, dos amores... Talvez sequer calcule a importância que tem para nós e para muitos. Quis o amor. Procurou-o, mas ele sempre esteve contigo, sem que fosse necessário ir até os confins do mundo para achá-lo.

O homem choramingava comigo e continuou:

– Quanto pedi por você. Deve pensar: "Quem é você? Quem são esses que me acolhem? Estou em um hospital? Que lugar mais maluco de gente simpática!" Mas todos somos amigos, irmãos, filhos do mesmo Pai, d'Aquele que distribuiu o amor pelo universo, que depositou a semente dessa virtude em cada um de nós. Por isso, incessantemente, O buscamos.

E continuou a falar:

– Sinta-se em casa, *figlio*, pois aqui terá um lar. Só pedimos que não se deixe arrastar por pensamentos negativos de degradação, de desamparo ou de autoflagelação. Isso já passou! Agora, é seguir adiante e continuar a tarefa que foi interrompida. Aproveite a oportunidade para prosseguir, sem olhar para trás. E, quando menos esperar, verá que o amor se instalou em ti. Esse nobre valor não está restrito ao coração físico ou ao desejo. Não se confunde com o sentimento entre criaturas, que ainda é limitado. É amplo, genérico, universal, divisível, tolerante, paciente, supera a tudo e a todas as situações adversas. Perdoa, tudo crê, tudo faz, tudo suporta. Lembra-se das suas letras? Mencionou isso nas suas canções. Só não soube como praticá-lo ou senti-lo.

A essa altura da explanação, já estava perdido em densas lágrimas. Fiquei perplexo diante das palavras daquele homem tão bonito, tão altruísta. Da sua boca e peito parecia jorrar luz. E eu só pude chorar. Sequer falar conseguia, mas todos eles davam a impressão de captar meus sentimentos mais íntimos.

– Não desgaste suas energias, que estão escassas no momento, em aflições – prosseguiu. – Tudo o que conseguir reunir, daqui em diante, será de vital importância ao seu restabelecimento. Urge, por agora, que compreenda que necessita de cuidados, de refazimento. Para isso, estamos aqui. Disponha de todos nós.

O homem silenciou por alguns segundos e arrematou:

– Não tem ideia do quanto foi ajudado. Não se preocupe com parentes, amigos, protestos... Isso ficou no mundo terreno. Repouse, por agora! A estrada à sua frente é um novo caminho à redenção das lições esquecidas. Se antes buscava a melhoria do seu povo, em uma luta desigual contra a injustiça e a vaidade dos poderosos do mundo, de agora em diante, terá de arregimentar novos amigos, pela compreensão de que só poderemos mudar a humanidade por meio do esclarecimento, da retidão de sentimentos e da reforma interior. Nisso, estaremos sempre unidos. Formamos uma imensa legião de afinados com o bem. Oramos muito por você, Ruggeri. Tem muitos amigos, em razão da limpidez de expressão, sinceridade e determinação. Seu idealismo é também o nosso, muito embora trabalhemos com ferramentas diferentes. Mas hoje, por mercê d'Aquele que nos assiste, podemos compartilhar o reencontro neste oásis de paz. Você está na *Estação dos Jasmins*, ao sul do Rio de Janeiro. Aqui sou conhecido como Donato. Este é Luiz Sérgio e esta é a adorável Amália. O baixinho interveio, acenando com a mão.

– Muito prazer, cara, sou seu fã! De vez em quando, tento dedilhar algumas das suas canções na minha viola. Já prometi a mim mesmo e aos amigos que faria um curso para executar bem o meu instrumento. Só que não me restou tempo ainda. Há sempre muito trabalho a fazer. Mas eu chego lá!

Creio que sorri para ele. Sujeito formidável. Amália apresentou-me, um a um, aqueles que me trouxeram.

– Ruggeri, este é Saulo, o instrutor da pequena expedição que o trouxe. Raul, Silas e Caio o ajudaram como auxiliares. Esta é Luzia, técnica em anestesiologia fluídica, que o manteve mais ou menos livre do sofrimento.

Pisquei o olho e ela sorriu para mim. Em seguida, fui levado para o interior da casa; quando observei, Donato me olhava enternecido.

"Quem seria ele?" – imaginei.

Interessante notar que, apesar de ser vista como pequena do lado de fora, o interior da casa em muito se assemelhava a um imenso hospital, cheio de corredores, salas, luzes e muita gente transitando. Veio em minha mente um filme que assistira há tempos. Tinha uma casa desse tipo. Era pequena por fora, mas, quem nela entrava, parecia haver ingressado em outras dimensões.

Mais adiante, Silas e Caio transportaram a bolha, comigo dentro dela, para uma maca, vindo a conectá-la a mais alguns tubos e a um aparelho que a inflou, enquanto Amália preparava uma banheira, similar às de hidromassagem, depositando nela líquidos de diversas cores, que, ao se misturarem, tornavam o fluido violáceo.

– Por favor, tragam-no – solicitou Amália, aos que operacionalizavam com ela. – Coloquem-no na banheira, levemente.

Senti um pouco de medo, mas aos poucos me enchi de confiança. Não acreditava que pudessem me fazer qualquer mal. À medida que o invólucro que me acolhia foi submergindo, a gelidez do líquido me causou certa inquietação. Quando Amália abriu uma pequena torneirinha, o que até então era desagradável e me dava sensação de desconforto, foi substituído por indizível sensação de paz. Adormeci, mas conservando a consciência. Sabia que estava vivo. Afinal, eu estava pensando... Idêntica sensação de uma boa sesta, depois de um farto almoço. Pesado, profundo, mas como se estivesse acordado.

Em torpor indefinível, fiquei armazenado naquela banheira por incontável período, hibernando, muito embora sentindo que estava acordado. Percebia os movimentos dos transeuntes do lugar, ouvia murmúrios ao longe, sons do ambiente; só não pude interagir com ninguém.

Muito tempo depois, despertei tendo à frente alguns dos que me receberam naquele lugar, no primeiro dia. Mais tarde, fui informado de que decorreram oito meses, desde o aparte do meu corpo físico.

– Bom dia, meu filho! Como se sente? – inquiriu-me Donato, desprendendo um sorriso descomunal. Similarmente, Amália, Luiz Sérgio e outras pessoas seguiam-no em idênticos gestos.

– Oi, chapa! Tudo legal? Lembra-se de nós? Somos os astronautas...

Amália acariciou minha testa. Chamou uma enfermeira e pediu que fizesse uma espécie de limpeza em mim. Encontrava-me recoberto por um muco tênue, semelhante ao que se vê em partos. Quis esboçar algum questionamento, quando Luiz Sérgio me atalhou:

– Ah, não! Ainda é cedo para falar algo. Primeiro, necessitamos te levar a um especialista no assunto. Ainda traz sequelas de sua estadia.

"Mas que estadia?" – indaguei mentalmente.

Parecendo ler meus pensamentos, Donato esclareceu minhas dúvidas.

– Ruggeri, é preciso que saiba tudo que aconteceu. Há oito meses terrenos, você chegou a esta estância, que nada mais é que um posto de emergência avançado. Em suas indagações mentais, percebi apreensão e questionamentos. Mas não se turbe. Aos poucos, tudo será esclarecido.

"Por que me transferiram de hospital? Será que a conta não foi paga? Posso reclamar com meus parentes?" – interroguei-me novamente, tentando me expressar com os órgãos da fala, mas não pude.

– Calma! Tudo a seu tempo. As impressões da doença e do desgaste físico ainda lhe inibem as possibilidades de movimentação normal. – Após uma breve pausa, Amália prosseguiu:

– Meu amigo, tivemos a honra de recebê-lo aqui. Na realidade, você foi transferido, mas não de hospital e, sim, de plano de vida. *A Estação dos Jasmins* não está na Terra, como imagina. Está no plano espiritual, ou "do outro lado da vida", como falam os encarnados.

Senti um choque! Então eu partira do mundo e não soubera?! Comecei a inquietar-me e debater-me. Vendo meu desespero, Amália colocou sua mão direita, que mais parecia uma pluma de algodão, sobre a minha cabeça, trazendo-me paz e, aos poucos, fui relaxando.

"Obrigado! Você é um doce" – esbocei em pensamento.

– Você também! – respondeu, deixando-me confuso quanto àquele tipo de comunicação. Eles ouviam meu pensamento. Seriam extraterrestres?

– Ruggeri, hora de fazer um pequeno passeio.

Pacientemente, transpuseram-me para uma cadeira que não tinha rodas, mas deslizava, por assim dizer, sobre a superfície do lugar. Calculava que havia dormido e que aquilo era um sonho ou pesadelo. Coisa semelhante só vira em filmes de ficção científica.

Luiz Sérgio empurrava a cadeira com um mínimo esforço, ladeado por Donato. Conversava sem parar, mostrando-me as belezas daquele oásis de paz. Vi muitas crianças brincando e isso me chamou a atenção, por me lembrar de uma das minhas canções.

– Ah! Como são belas! A essência da candura... – disse Luiz Sérgio para mim.

Mais adiante, chegamos a um recanto fantástico cheio de flores de cores variadíssimas, exalando aroma de alfazema e outros perfumes desconhecidos, que preenchiam minha alma. O vento calmo percorria levemente todo o lugar, como se fosse um carinho da natureza a nos acalentar.

– Vê como é bela a misericórdia de Deus, meu filho? – expressou-se Donato, enquanto eu me detinha em imaginar se estaria "morto".

– Ei, amigo, você não vai ficar aí pensando bobagens, vai? – falou Luiz Sérgio. – Tem muita coisa bela aqui para se ver. Se pensa que está morto, como ser inteligente que é, comece a meditar se perguntando: "Por que será que estou aqui vendo essas coisas, se estou realmente morto?". Acalme-se, amigo! Você está vivenciando a experiência que Sócrates queria passar, ainda na antiga Grécia, quando falou que pretendia chegar ao outro lado da vida para ter a certeza daquilo que pregava.

Aquilo me sacolejou intimamente. Como notei que podia ser percebido por meio do pensamento, continuei em minhas divagações interrogativas.

"Quer dizer que realmente estou no além?"

– Está! Só que precisa se refazer e acreditar que suas capacidades e aptidões não foram perdidas, pelo fato de trespassar de uma dimensão a outra.

"Como assim?" – pensei.

– O que fazia antes de vir para cá? – questionou Luiz, verbalmente.

"Cantava, dançava, compunha, fazia *rock and roll*... amava..." – Esbocei em pensamento.

– E por que acredita que não pode mais fazer isso?

"Vocês disseram, sutilmente, que eu morri... isso é tudo!" – respondi, um tanto desconsolado. Foi quando ele retrucou:

– Creio que não, Ruggeri! Se fosse "tudo", não estaríamos perdendo tempo com você aqui. Existem milhares de pessoas que partem da Terra todos os dias, enquanto outros milhares nela reingressam. Dentre esses milhares ou milhões, existem aqueles que acreditam que são alguma coisa ou querem ser. Ao contrário, você quis deixar de ser alguma coisa. Deixou-se cair no vazio da incerteza, da descrença, do abandono de si mesmo... Coisas que sempre combateu na "vida" terrestre. Já pensou o que achariam de você agora, nesse estado, por que você mesmo assim o quer? O que percebemos, meu amigo, é que, por autopiedade, você se acha um derrotado, a pior pessoa do mundo, falido, marginalizado, sem crédito para que o amem, sem luz própria...

Confesso que fiquei indignado com aquela explanação. Quem seria ele para dizer o que fui e o que não fui ou que poderia deixar de ser? Eu era dono de mim, do meu próprio destino, não aceitava que me dissessem o que eu deveria saber, porque eu era "eu". Assim cria naquele momento.

– Filho... – intercedeu Donato. – Até quando vai se deixar conduzir pelas torrentes do orgulho destruidor? Quanto lutei por você, procurando alertá-lo. Agora tem a oportunidade de se refazer para a vida, dando continuidade aos projetos d'antes abandonados.

"Eu não pedi que ninguém me socorresse! Não sei nem quem você é! Não preciso de ninguém, ouviu? Não preciso de ninguém! Deixem-me em paz! Quero minha família de volta!" – bradei mental e fervorosamente, recaindo em completo descontrole. Enervei-me a ponto de tudo se transformar em ambiente fumegante e nevoento.

Aqueles que me ladeavam, não os vi mais. Onde estariam? E a estância, por que desaparecera?

"Amália, cadê você?" – gritei mentalmente, percebendo que meu intento foi expresso abruptamente, ao mesmo tempo que o desprendia em sons. Voltara a falar de súbito, o que me deixou embasbacado!

"Donato! Luiz... Amália, Luzia, onde estão?" – vociferei desesperado.

Pude então ouvir pegadas na minha retaguarda, entrecortadas por risadas medonhas.

– Ora, vejam só quem está de volta! – alguém pronunciou.

Volvendo, para detectar quem eram os emissores daquelas gargalhadas horrendas, pude divisar seres estranhos, esfarrapados, de carantonhas terríficas, alguns até desfigurados.

Eram monstruosos! Senti um calafrio percorrer minha espinha, começando a perceber que readquirira algumas de minhas funções físicas, antes inertes. Não pude me mover como pretendia. Na verdade, tive vontade de correr dali, mas só conseguia me arrastar, parcamente.

– Aonde vai o nosso ídolo? – disse um dos seres macabros.

– Quem são vocês? – inquiri. – O que querem de mim? Deixem-me em paz! – Falei sem perceber que podia ser percebido pela minha voz.

– Calma, cara! Não vamos te fazer mal. Só queremos curtir *rock*! Você vai fazer um show para nós e de graça, entendeu? – falou-me o mais atrevido deles.

– Se querem curtir *rock*, procurem algum metaleiro, pois eu não canto *heavy metal*.

– Não se preocupe, cara, você faz o show e nós te liberamos – intercedeu um deles que mais se assemelhava a um cadáver.

– Saiam daqui! Deixem-me em paz! – berrei choramingando.

– Muito engraçado, cara... Você agora foge de nós, nos abandona por aqueles seres da luz e vem aqui de volta. Quer fugir novamente? Nem pensar! Você é nosso!

– Não sou de ninguém! Quero que me libertem já! Tenho vontade própria. Não dependo de vocês para nada!

– É isso que você não percebe, meu. O seu orgulho é o nosso alimento. Se não fosse por nossa turma, você estaria em uma furna agora – arrematou o mais degradante deles.

Mais uma vez, estava confuso. Por que num momento estava naquele ambiente de tranquilidade e imorredoura paz e, noutro instante, via-me atado a outro lugar de aparência infernal, ornado por criaturas bestiais?

Fui conduzido por eles a um lugar mais tenebroso ainda, parecido com uma cidade. Havia casas e apartamentos e tudo era de uma agitação desconcertante. Pessoas se debatiam em uma babel sem limites. Orgias diversas em plena rua, bebedeiras, inúmeros pares em cenas de sensualidade dionisíaca. Era uma verdadeira *Broadway* dos infernos.

Para minha surpresa, chegamos a um teatro muito grande, iluminado por tochas e cercado de fumarolas que exalavam odores fétidos. No frontispício, eis que estava escrito o meu nome: "Grande show com Ruggeri e sua banda". Que loucura! Estaria mesmo ficando louco? Ora, primeiro estava em um lugar que era um paraíso; e, em outro momento, em um covil descrito somente em narrativas dantescas. Rompera mesmo os limites da sanidade?

Inúmeras pessoas estavam defronte a construção negra, batendo palmas ou agitando pedaços de pau. Outros, com lumes acesos, uivavam em uma coreografia impressionante, tal como selvagens. Alguns se drogavam, outros brigavam.

– Meu Deus! – pensei. – Em que fui me meter? Tirai-me desse pesadelo!

Quando somos pequenos, temos medo do escuro, de bruxas, de lobisomens, de fantasmas. Devíamos ter medo de nós mesmos, pois somos os responsáveis por nos projetarmos para baixo.

Nossa vontade é uma terrível arma. Mal direcionada, provoca destruição. Bem orientada, torna-se uma fonte inesgotável de criação benfazeja. Doravante, escolho a segunda opção. Todos nós temos esse direito: o de escolha!

R. R.

3

NO REINO *UNDERGROUND*

Fui levado ao teatro e obrigado a cantar para uma multidão que, mais parecendo torcida futebolística, atirava contra mim toda sorte de dardos, frutos e flores enegrecidas. Toda vez que eu tentava reclamar, algum malfeitor me cutucava e me ameaçava com um porrete cravejado de saliências pontiagudas.

– Se falar, em vez de cantar, já sabe... Espanco-lhe com isso! – esbravejou um deles, em tom intimidativo.

Exausto, eis que chegou um presumível cicerone, o qual veio até o palco, silenciando a turba.

– Caros amigos – disse ele —, conforme havia prometido, trouxe aqui o nosso ídolo, Ruggeri. Viram? Promessa é dívida e, nessas plagas, aquilo que prometo levo a cabo. Gostaram do show? Querem mais? Pois bem, hoje teremos mais uma surpresa. Traremos, daqui a algumas horas, um grupo que canta para os terrenos da "superfície". É uma banda de arrasar! Vai estremecer tudo por aqui! Além disso, conforme também prometi, virão grupos e mais grupos de viciados, dos quais vossas senhorias poderão se banquetear.

À medida que o homem grotesco ia falando, eu tentava me situar acerca do que realmente estava acontecendo. Que estava "morto", isso eu já sabia. Deixara a Terra e o mundo dos "vivos". Mas, se o "mundo dos vivos" não era ali, qual a necessidade daquele "mestre de cerimônias" prometer a vinda de habitantes da Terra, ou seja, os "vivos", para aquela festa? Isso significava que os supostos "vivos" também poderiam frequentar tal lugar. "Se podiam, como isso se daria?" – calculei.

Subitamente, minhas elucubrações foram interrompidas por um sujeito alto e feioso, vestido com uma espécie de pele de animal, lembrando um *Pithecanthropus Erectus*.

– Diz aí, cara! Trouxe uma dose de "tranquilão" pra você. Experimenta só!

– Saia daqui! Deixe-me em paz! – retruquei alterado, empurrando-o. Estava enjoado e passava mal com o cheiro acre do lugar.

O cicerone, ao ver a cena, determinou que me retirassem e me conduzissem ao que parecia ser uma espécie de camarim. Quase desmaiei de susto ao encontrar um famoso cantor conhecido na Terra, mais especificamente no Brasil.

– Ruggeri! O que você está fazendo aqui, cara? Pensei que você tivesse ido embora com os agentes do "Cordeiro".

– Cordeiro? – perguntei.

– Sim. Foi o que me disseram aqui. Isso gerou uma indignação geral na moçada. Veja lá o que você apronta! Aqui existem leis severas. Por pouca coisa, o confinariam em uma furna. Lá o sofrimento é grande!

– Mas o que você está me dizendo? Que história é essa de "furna"? E o que faz aqui?

– Venho sempre aqui. É meu reduto predileto. Gosto das badernas que aprontamos. Além do mais, aqui me adoram, assim como a você. Às vezes, sinto até certa inveja, mas não me importo muito. Tenho os meus fãs também. Quanto às furnas, são lugares de sofrimento, onde eles encarceram os recalcitrantes e "nervosinhos" como você. Cuidado para não despertar a ira de Sodom.

– Sodom? Quem é esse?

– Aquele que você deve ter visto no palco ao término de seu show...

– Ele é o dono deste lugar horrendo?

– É o próprio deus daqui. Tudo passa pelas mãos dele. Ele promete, ele cumpre! É idolatrado por todos! Tem leis justas e as promove por intermédio de fiéis servidores. Isso aqui é o *underground*, meu caro. O submundo!

– Pensei que fosse o inferno... – disse-lhe.

– Que inferno? Isso aqui é um paraíso! Não percebeu ainda? Temos tudo o que precisamos: fama, luxo, mulheres, bebidas, drogas, sexo... tudo! Aqui não há limites.

– Cara, eu já saí disso... – retruquei. – Olha só o meu estado!

– Você é um iludido! Tenta se iludir. Você pertence a Sodom. Todos os que amam o vício pertencem a ele.

– Não pertenço a ninguém! – bradei revoltado.

– Pertence, sim! Bem mais do que você pensa! Tanto é que voltou para cá. Difícil se libertar dos grilhões, amigo. Muito difícil.

– Eu sei que posso me libertar. Farei de tudo.

– Advirto: muito cuidado! Por mim, ficaria de bico calado. Este lugar tem ouvidos e olhos... Cuidado, muito cuidado! – alertou-me.

– Me fala mais alguma coisa sobre isto aqui – pedi, curioso.

– É bom que você veja com os seus próprios olhos e, então, tirará suas conclusões. Mais tarde, vão trazer uma banda de metaleiros da pesada, que faz muito sucesso no Brasil e no mundo. É *rock*, meu velho! Do bom e do melhor...

– E o que isso tem de mais? Também fazíamos *rock* e tenho certeza de que era da melhor qualidade.

– Há gosto pra tudo. Aqui, valem os gostos, e Sodom tenta agradar a todos. Vamos? Vou te levar. Tenho certa liberdade e não preciso ser vigiado. Vem conhecer a cidade...

– Já vi parte dela.

– Nem tudo, velho. Nem tudo. – retratou-me com um leve sorriso no canto da boca.

O conhecido vocalista, a quem chamarei de "Ronaldo", me levou pelos arrabaldes da cidade fantasmagórica. Um reino com toda sorte de desajustes, alguns dos quais a droga e o sexo sem precedentes. Fui conduzido em uma espécie de veículo muito parecido com as motocas da Terra. Ronaldo possuía uma.

Em certo ponto do trajeto, paramos na frente de uma boate parcamente iluminada. Na entrada, brutamontes de auras escuras faziam a triagem daqueles que nela ingressavam. Não era diferente em nada dos "inferninhos" tão costumeiramente conhecidos na Terra. Perguntei a Ronaldo:

– Que lugar é este?

– Você não percebeu ainda? Esta é uma cópia de uma famosa boate do Rio de Janeiro. Aqui frequenta a alta-roda da *society*. Filhinhos de papai, atores, gente importante.

– Mas isto aqui não chega nem aos pés do que é a tal boate a que se refere.

– Lógico, cara! Estamos do outro lado da vida, sacou?

– Afinal, você ainda é "vivo"? – indaguei.

– Claro, bicho! Só que à noite a gente dá uma passeadinha, entendeu? A gente é livre pra ir aonde quiser. Daí, rola o que a gente sente vontade que seja. Quem gosta de bebida, vai aos bares. Quem quer um baseado, procura a galera esperta. Quem ama o sexo, vem a esta cidade maravilhosa. Entendeu?

– Me leva embora daqui. Estou me sentindo mal.

– Ué, só porque passou um tempinho com os caras do "Cordeiro", já quer virar santo, é?

– Se fosse santo, creio que não estaria aqui... – retruquei um tanto decepcionado.

Ao me dar conta do lugar, fiquei estarrecido quando vi ao meu lado pessoas conhecidíssimas do meio artístico. Todos me felicitavam por estar "naquela". Alguns até se assustaram. Um deles chegou a me dizer:

– Poxa, cara, você não tinha morrido?

Outros me ofereciam bebidas, cigarros e até mesmo drogas de variados tipos, muitas das quais sequer conhecera. Recusei tudo. Minha vontade era sair dali. Não me saía da mente o sorriso de Amália, a tagarelice de Luiz e o olhar aconchegante de Donato.

Ronaldo, vendo-me apreensivo e disperso, levou-me para fora.

– Não se assuste, cara! Parece que você viu um fantasma. Para alguns deles, você é um! – arrematou gargalhando.

Que confusão que me meti! Que lugar horrível! Pessoas degradantes! Algo fizera para merecer aquilo. Não poderia crer que, existindo Deus, Ele pudesse permitir tanto. Ora, mas o que eu estava pensando? Na vida terrena, atirei-me a tantos desvarios parecidos. Calei-me mentalmente e quedei--me cabisbaixo. Chorei copiosamente.

– Oh, Ruggeri, vai dar uma de maricas agora? – perguntou-me Ronaldo, um tanto irônico. – Chorando, cara? O que você acha que a turma vai pensar de mim, estando aqui ao seu lado?

– Eu só quero sair daqui. Me leva embora! – bradei, exaltado.

– Está bem, está bem... Seja feita a vossa vontade, majestade – chacoteou.

Saímos e, mais adiante, ele me levou a um outro lugar, essencialmente de homossexuais.

– Creio que você, agora, vai se sentir em casa – disse-me Ronaldo, de maneira sarcástica.

– O que você pensa fazer? Acha que sou palhaço? Por que nao respeita minhas limitações? – vociferei.

– Ué! Você não buscava a tal liberdade de ser quem era? O que tem vir a um lugar com o qual se familiariza?

Sem muitos argumentos, calei-me. No fundo, ele tinha razão. Concordei em entrar com ele para conhecer o ambiente. Tão grande foi a minha decepção ao ver gente que eu conhecia, lá naquele lugar. E, o que é pior, muitos deles assumindo formas teratológicas, deformadas.

– Mas isso aqui é um baile à fantasia? – perguntei a Ronaldo, que passou a gargalhar intensamente.

– Só você para me fazer rir, Ruggeri. Claro que não, cara. Essas são as formas que queremos ter por aqui. Como eu lhe disse, aqui somos quem nós queremos ser.

– Existem monstros aqui! Isto é algum filme, sonho ou pesadelo?

– Não esquenta! Não é pesadelo, não. Somos nós mesmos! Você acha que somos tão bonitos quanto parecemos? Já experimentou se olhar no espelho?

Ante a pergunta de Ronaldo, senti vontade de ir a um espelho. Ele conduziu-me a um aposento, onde tudo era ornado com objetos e imagens sensuais. Chegando a um espelho, coloquei-me defronte a ele, vagarosamente, temendo encontrar outra decepção. Confesso que fiquei enojado com a minha imagem. Horrivelmente maltrapilho, nariz deformado, veias sanguinolentas à mostra, cabeça disforme, cabelos em desalinho, corpo cadavérico. Senti pena de mim mesmo.

– Viu só, meu? – atalhou o acompanhante – Aqui somos quem somos. Só que você não se controla ainda, mas vai aprender. Eu já consegui, portanto, dou a mim a forma que quiser. Na verdade, eu sou esse aqui... Olha!

Fiquei observando. Em alguns minutos, ele metamorfoseou o próprio corpo. Após assistir a transformação de Ronaldo, vomitei de nojo. Ele se transmudara em um monstro mitológico, predominando em si a sensualidade. Desmaiei, tamanho era o meu estado de fraqueza.

Foi o título de uma música! No auge da minha acidez de jovem irreverente, ela foi um dos meios de criticar o sistema. Hoje, não critico nada! Calo e prefiro só observar. Aprendo muito com isso.

R. R.

4

O TEATRO DAS MARIONETES

Qual não seria a minha felicidade se viesse a saber que tudo aquilo não passava da mais lídima ilusão. Constatei que, de fato, tudo era verdade. Fui colocado em um cubículo escuro e úmido, cujo bolor era insuportável. Faltava-me o ar. Respirando com dificuldade, bati na porta e gritei por socorro. Alguém do lado de fora me disse para calar-me, ou sofreria a ira de Sodom.

Reiterei a súplica. Por fim, resolveram abrir a porta. Fui recebido por um ser abjeto que bateu em minha face várias vezes.

Cale-se! Quem pensa que é? Aqui, você não é melhor do que um verme. Cale-se! Obedecerá a Sodom. A ele, deve respeito! Fará o que ele mandar! Você é um escravo e, aqui, não tem direitos.

Diante da reação inusitada do assecla de Sodom, achei prudente não revidar ou falar mais nada. Fui conduzido para o que seria o show esperado da noite. Tive novas surpresas. A banda que tocaria para os "infernais" era um grupo muito conhecido entre os "vivos da Terra".

"Fazem sucesso lá e aqui?" – pensei.

Senti medo, pois, quando estava na *Estação dos Jasmins*, liam os meus pensamentos. Temi que o fizessem ali também.

– Você tem sorte, cara. Muita sorte! – intrometeu-se um dos soldados de Sodom. – Não é todo mundo que é recolhido pelos "caras do Cordeiro" e tem a regalia de escapar de lá e ficar impune por estas bandas. Entendeu?

Meditei sobre o que ele disse: "Escapar? Quem escaparia do Cordeiro e quem seria o Cordeiro?"

– Posso fazer uma pergunta? – falei.

– O que é? Desembucha! – proferiu o soldado, um tanto impaciente.

– Quem é o Cordeiro? Por que alguém escaparia dele, como você falou?

Levei outra bofetada, e o brutamonte segurou-me pelos ombros, explicando-me em sussurro:

– Não se pode falar Nele aqui, entendeu? Mas eu vou dizer para você. O Cordeiro é o tal Jesus, até para não cometer essa burrada novamente.

– Por que o temem? Não faz sentido. Jesus foi exemplo de bem viver. Qual a razão pela qual alguém fugiria de sua proteção?

Melhor que eu tivesse ficado calado. O ser grotesco esmurrou-me várias vezes.

– Insolente! Quem pensa que é para falar em “bem viver”? Acha que estamos aqui vivendo bem? Não queremos viver bem, queremos o prazer sem limites! Somos donos dos nossos destinos, entendeu? Você mesmo fugiu D’Ele. Deve saber o porquê! Como ousa me perguntar? Deve saber a resposta. Preferiu estar aqui, não foi? A opção foi sua! Sua!

Ele ia me bater ainda mais, se não fosse a interferência de Ronaldo, que se aproximou fazendo um gesto a meu agressor, que, parecendo respeitá-lo, afastou-se. Ronaldo ergueu-me e levou-me para longe dali.

– O que diabos pensa fazer, cara? Sabe quem é ele? – perguntou-me.

– Não faço a menor ideia! Não dou a mínima! – tartamudeei, nervosamente.

– É o braço direito de Sodom. Gedar é poderoso. Tem enorme influência aqui. Abaixo de Sodom, todos o temem.

– Não o respeitam... Temem, não é? – perguntei.

– Sim, o temem...

– Ainda bem que me confirmou. Temor não é respeito! – aduzi.

– Temor ou não, você deve se manter calado! Aceite tudo o que te disserem.

– Ele me falou que sou escravo – retruquei, indignado. – É um asno! Não sou escravo de ninguém!

– Você é um iludido, Ruggeri! Já te disse isso. Somos todos escravos, mano. O vício nos escraviza!

– Se o vício nos torna escravos, deveríamos ser só do vício, não acha?

– Sim, sim, mas o vício tem seus comandos. Gente que se aproveita para manietar e sugar aqueles que se lhes assemelham. De onde você acha que vem a lenda dos vampiros?

– Conto de carochinha! Tolices.

– É? Pois, venha aqui que eu vou lhe mostrar uma coisa – convocou o sorridente e sarcástico Ronaldo.

Segurando-me pelo braço, conduziu-me ao teatro onde se desenrolava o show prometido por Sodom. Multidões aglomeravam-se, uns por cima dos outros. Gente de toda espécie, se é que se podia chamar aquela chusma de "gente". Zumbis! Desses que se vê em filmes, seria o qualificativo mais adequado. Hipnotizados! Logo em seguida, trouxeram mais pessoas em pior estado. Seres de olhar esgazeado, com veias à mostra, rostos deformados, corpos esqueléticos.

– Quem são estes, Ronaldo? – inquiri.

– São encarnados. Gente que é trazida da superfície. Veja o que acontece...

Em breve, os que chegaram foram literalmente envolvidos pelos demais assistentes do espetáculo.

– Mas o que é isso? – manifestei-me indignado.

– Não vê? Você é burro?

– Estão chupando o sangue deles! Que nojento!

– Não é o sangue, meu! É energia! É a força que habita neles, entendeu? Você parece um energúmeno! Vê se entende as coisas!

– E pensar que fugi de um oásis de tranquilidade... – murmurei.

– O que foi que disse?

– Ah... Nada, nada. Só estava pensando alto – desculpei-me.

Deduzi que não liam pensamentos assim como Donato e os demais amigos. Portanto, pudera pensar melhor e raciocinar um meio de sair daquela prisão de dementados. Enquanto isso, a música, ou barulheira desconexa, rolava solta embalando o banquete dos vampiros.

Observei, para aprender algo mais. Pude notar que das caixas de som saíam flocos enegrecidos e pontiagudos que interpenetravam as pessoas e evoluíam no ambiente, como verdadeiros "ouriços-do-mar" esvoaçantes.

– O que são aquelas bolhas pretas, Ronaldo?

– É o som, cara! É o som!

A música dos metaleiros tinha um efeito arrasador. Penetrava os que a escutavam de maneira violenta e degradante. Envolvia-nos abruptamente, como dardos venenosos. Mais tarde, tudo havia se consumado. Ronaldo veio despedir-se de mim.

– Cara, já vou indo. O dia já está quase amanhecendo e vou voltar para a minha prisão temporária.

– Prisão temporária? Do que está falando?

– Do meu corpo, cara, do meu corpinho "dez", sacou?

– E o que será de mim? Vão me maltratar mais ainda?

– Esquenta, não! Já dei um toque para o Gedar. Ele vai aliviar contigo. Amanhã estarei aqui. Mas vê se não apronta mais uma. Fica calado! Aprende!

– Tentarei. Tentarei... – respondi tremendo.

Ronaldo se foi, e uma indizível sensação de abandono dominou-me. Já conseguindo dar pequenas passadas, escorei-me pelas paredes até uma varanda próxima do salão principal onde houvera a festa.

Fitei um horizonte que não se fazia delinear. O brilho do sol, tímido, escondido sob espessas nuvens cinzentas, mal se refletia. Aquele lugar se assemelhava à Inglaterra sob pesado inverno. Vi, ao longe, chumaços negros partindo da cidadela, dispersando-se pela atmosfera, como supersônicos em voo frenético.

Quase desmaiei de susto quando senti alguém me tocar no ombro, me roubando das reflexões.

– Eles estão voltando... – assegurou o suposto intruso.

– "Eles"? Quem são "eles"? A quem se refere? – indaguei.

– Aquelas bolas negras... São seres humanos. Habitantes da superfície. Estão retornando aos seus corpos carnais, para acordarem e viverem mais um dia.

Fiquei estarrecido com a informação. A visão que tive mais se assemelhava a vespas negras que fugiam espavoridas de algum invasor de suas colmeias.

– É isso mesmo! Elas parecem com abelhas – o sujeito confirmou os meus pensamentos.

Por um momento, senti que aquela criatura podia ler minha mente. Afastei-me dele, com receio de represálias. Pretendia partir dali. Foi quando me disse então:

– Você foge de si mesmo! Lembre-se: *Sempre há uma luz... Sempre há um caminho!*

A frase daquele homem fez-me meditar, embora atordoadamente. Já ouvira aquela frase, mas onde? Quando recordei, ia tecer algum comentário, mas percebi que ele desaparecera, como que por encanto. Um calafrio indolor percorreu-me o corpo, fazendo-me refletir:

"Deus! Quem seria aquele homem? Há sempre uma luz... Essas palavras... havia escrito frase similar em uma das minhas letras" – fiquei pensativo. Por um momento lembrei-me do Luiz Sérgio. A voz era muito parecida.

– Não! Não pode ser ele... O que faria aqui em um antro desses? Ele é um bom sujeito. Não viria aqui por nada – articulei em voz alta.

Tudo estava silencioso demais. Retornei à varanda. Suspirei choroso, recordando-me dos que me receberam na estância.

"Donato disse que muito fizera, pedira por mim. Chamou-me de *figlio*. Que cara legal! Parecia um pai. Assim me tratava. Começo a sentir saudades daquelas pessoas. Como voltar para lá?" – meditei, absorto em minhas elucubrações.

Fiz isso por longo tempo, até ser interrompido por Sodom:

– E, então, Ruggeri, gostou da festa? Viu como sou boa praça? Sempre cumpro o que prometo.

– Sodom. Seu nome deriva de sodomia, correto? – perguntei.

– Sim! Sou o "Rei da devassidão". É disso que as pessoas gostam. Vê como o mundo está hoje? Graças a mim, em parte. Sou poderoso e meu poder vem daqueles que nos nutrem. Você foi um deles, seu desgraçado! Às vezes, te odeio! Comprometeu-se comigo, depois que passou a frequentar minha casa. Assegurou-me de que tudo faria para me trazer mais "ovelhas". Em troca, receberia fama, dinheiro e tudo o mais que desejasse.

– Ei, eu não me lembro de nada disso! – rebati, um tanto desconcertado.

– Ah, não? Pois venha comigo...

Sodom levou-me ao que seriam seus aposentos. Tudo ornado de muito luxo, sempre ladeado de eunucos e muitas mulheres seminuas. Todos tinham o aspecto de mortos-vivos. A cama dele era enorme. O ambiente recheado de muitas velas. Convidou-me, então, a uma espécie de sala de projeções. Chamou um de seus vassalos e cochichou algo que não pude ouvir. Em poucos instantes, o sujeito trouxe uma pequena caixa, idêntica às que condicionam disquetes[7] de computador, só que mais grossa.

– Agora, venha até aqui – chamou-me. – Sente-se. Quer tomar algo?

Aceitei o convite pondo-me mais perto dele, para não ser considerado inoportuno. Afinal, temia represálias.

Sodom inseriu um dos "disquetes" em um aparelhinho. Dele surgiram imagens, com sons e cores. Ao vê-las, perturbei-me, pois eram imagens minhas, da minha vida. Até meus pensamentos foram gravados. Tudo estava ali. Noites de orgias, sessões de drogas, emissões mentais íntimas, meus momentos de crise e solidão, tudo estava lá!

– O que é isso? – indaguei enfurecido.

– Isso é você, não percebe? – respondeu sorridente.

– Sei que sou eu, mas como tem tudo isso gravado?

– Temos nossos recursos. Somos os "olhos ocultos". Vou congelar a imagem para que veja. Observe a base de sua espinha...

Atentei para o detalhe e comecei a chorar.

– Esse aparelho que implantamos em você, depois que se atirou no desequilíbrio, por conta do vício da bebida e das drogas, é muito comum. Ele nos dá a noção exata do que fazem vocês, enquanto encarnados. Sabemos dos seus passos, onde estão, seus atos e até pensamentos mais íntimos.

7 Disquete - Antigo disco de gravação de dados de computador.

É tecnologia, meu caro! Muitos imaginam que fazem as coisas e tudo fica ao léu, no esquecimento. Enganam-se! Tudo pode ser maquinalmente gravado por nossos espiões mecânicos. Você era um desses monitorados. Como pensa que chegou à fama? E o nome de sua banda? Acha que foi você quem o idealizou?

– Você?

– Exato, meu caro! Inspiração minha. Sou um gênio! Tínhamos um trato e você o quebrou. Suas músicas deveriam conduzir os jovens, sutilmente, ao desespero, ao desencanto, ao vício, ao suicídio! Você falhou em parte. Alguns idiotas caíram feito patinhos. Outros foram levados para o lado altruísta das suas canções. Mas que droga! Por que você não cumpriu o que prometeu?

– Eu não fazia ideia do que me comprometera – disse-lhe atônito. – Tinha sede de viver, de alcançar o sucesso, de combater a injustiça, os corruptores...

– Besteira! Você deve tudo a mim. Vindo da sua parte, isso é hipocrisia! Teria cumprido melhor sua missão se não tivesse dado ouvidos ao maldito Donato.

Ao proferir a última frase, Sodom mexeu com meus brios. Falara em Donato! "Ele o conhece?" – pensei. Logo em seguida, resolvi investigar, como se nada soubesse:

– Quem é Donato?

– Ah, não me diga que não sabe! É o seu maldito inspirador. Algumas das suas letras foram geradas por inspiração dele. Não podíamos nos aproximar de você quando o maldito estava por perto. Eu o odeio!

"Donato" – refleti. – "Então é verdade, ele existe?"

– Já que não posso fazer mais nada, quais são os seus planos para mim? – interroguei-o.

– Vai servir-me, ora essa! Vai cantar para os meus filhos. Embale-os. Logo, terei novas atribuições para você. Se falhar novamente, desta vez, não terei piedade!

Sodom continuou a me mostrar mais cenas de minha vida. Fiquei perplexo diante de tamanha exatidão. Aquele fora eu, filmado, gravado, manietado, vampirizado, torturado. A causa? Eu! Fui a origem de meu próprio desastre. Inverti os papéis, cometi enganos, traí minha própria consciência sem que percebesse. Se é que tive consciência... Depois daquilo que vi, passei a duvidar de minha sanidade.

Ingeri, aos poucos, a bebida que me ofereceu Sodom. Tomei demais! Encontrava-me derrotado! Conforme ia sorvendo o líquido, tentava articular alguma forma de sair daquela prisão. Lembrei-me da pessoa que apareceu na sacada. Falou-me que eu "fugia de mim" e que a solução "estaria em mim" também. Em poucos instantes, eu estava completamente embriagado. A razão se esvaiu e não pude mais tecer nenhuma consideração plausível. Adormeci, sem ter a mínima noção do tempo ou do que fizera em seguida.

Quando já não divisava mais nenhuma esperança, eu disse a mim mesmo: "Cara, é o fim!" Mas o meu "eu invisível" dizia: "Deixa de bobagem, filho... Sempre há uma luz!" E eu nunca tive coragem de falar isso para ninguém.

Esse "eu" pretensioso, era ele: Donatello[8], o meu guia espiritual! Não fiquem tristes! Cada um tem o seu, ou os seus. Difícil é dar-lhes ouvidos, pois sempre nos mostram a trilha da razão, mas por ela nem sempre optamos.

R. R.

---

8 Donato di Niccoló di Betto Bardi, mais conhecido como Donatello, foi um importante escultor italiano do período do Renascimento Cultural. Nasceu em 1386, na cidade de Florença e morreu em 1466 na mesma cidade.

5

ALGO ME DIZIA: "ENTREGAR-SE ERA UMA COVARDIA"

Não me lembro quanto tempo permaneci desacordado. Despertei no quarto de Sodom, em meio às densas almofadas acetinadas da sua cama. Alguns dos seus eunucos me olhavam.

– O que é? Nunca me viram? – vociferei.

Estava muito aborrecido e com uma bruta cefaleia. Depois, mais recomposto, pedi desculpas a um deles e pedi para me trazer água.

– Aqui só temos bebida, se quiser... – respondeu-me com certo desprezo.

– Não... Não! Estou com muita dor de cabeça.

Retirei-me do local, arrastando-me e tateando as paredes. Logo, cheguei à parte externa dos aposentos. Uma imensa varanda ornada com plantas tristes, feias e sem cor. Sentei-me em um sofá. Ficara apreciando aquela paisagem denegrida pela ausência de beleza. Quão diferente era da *Estação dos*

Jasmins Aquilo, sim, era um paraíso. Pequeno, simples, onde se podia respirar paz.

Fiquei imaginando como senti aversão ao beber aquele líquido que me ofereceram. Enjoado, vomitei, excretando toda a porcaria. Algo mudara em mim, pois em outra situação, deprimido, carente, certamente, tenderia a "encher a cara" novamente, muito embora não me trouxesse a solução para o vital problema que me povoava a mente: sair dali!

Mais tarde, um pouco mais calmo, tentei refletir sobre o que acontecera e do que podia me lembrar. Acerca do fenômeno trespasse pouco me recordei, salvo da última cena que vi do quarto onde permaneci enfermo, das pessoas que me rodearam e das dores internas, apesar de tantos medicamentos.

Depois, veio a lembrança da *Estação dos Jasmins* e da calorosa recepção que tive. Pessoas estranhas, decerto, mas muito amáveis. Nada exigiram de mim. Cuidaram de mim como se fosse amigo, parente ou filho. Meu coração contraiu-se de saudade quando recordei os novos amigos que fizera: Donato, Amália, Luzia, Luiz Sérgio e tantos outros que me trataram com muito carinho. Bem diferente da recepção do reino de Sodom. Nele, encontrei apenas surpresas desagradáveis e a terrível sensação de prisão, coisa que sempre detestei em "vida". Parecia até tolice falar assim. Sentia-me vivo! Pensava, tinha dores, sensações, meus sentimentos afloravam, logo, estava vivo, realmente vivo.

"Sempre há um caminho!" – pensei – "Mas qual?"

Subitamente, um pensamento estranho ressoou na minha casa mental: "*A solução está em você mesmo; busque-a*!"

– Mas quem está aí? Ouço com a mente... – argumentei.

"*O que você mais deseja na vida?*" – continuei a ouvir, mentalmente.

– O amor, ser feliz, ser livre... O que mais?

"*A liberdade tem um preço...*"

– Qual? Diga-me qual? Estou disposto a pagá-lo.

"*Disciplina.*"

Caí em descontraída gargalhada.

– Mas quem é você? Isso é uma frase de uma das minhas letras, ora...

"*Frase solta e sem sentido, caso não seja praticada.*"

– O que quer dizer com isso?

"*Se se desordena sentimentalmente e pensa que é um derrotado, certamente o será.*"

– Somos o que pensamos... Doutrina de Buda? – concluí.

"*A doutrina está nos livros, mas a liberdade tem de estar no âmago, no desejo, no sentimento, no coração...*"

– Por que devo perder meu tempo falando com a minha mente?

"*Porque deseja assim...*"

– Mas eu não quero ficar feito maluco falando com minha própria mente. Parece loucura. Sinto-me um pateta.

"*Deseja encerrar o nosso diálogo?*"

– Não, não é isso... É que... – mal pude concluir a frase quando sobreveio um complemento:

"*Onde está a sua dor de cabeça?*"

– Não sei. No momento, não sei... Acho que se foi.

"*Você ainda sente a dor de cabeça, só que por alguns momentos esqueceu-se dela. Achou mais interessante falar comigo.*"

– Comigo? E porventura falo com alguém?

"*O que você acha?*"

– Ora, responda-me você! Quero respostas... Estou de saco cheio de tanto mistério! Quero sair daqui!

"*Não. Você não quer. Se identifica com isso aqui. Por isso insiste em ficar.*"

– Ora, vá às favas! – esbravejei, chorando.

Revoltado, levantei-me e chutei tudo o que tinha pela frente. Após muito tempo e com as vestes ensopadas, sentei-me no chão gélido e mucoso. Observei, então, as malditas plantas do local.

– Eu não quero mais ficar aqui... – murmurei. – Quero ir embora! Desejo ir para a *Estação dos Jasmins*. Quero paz, amor, carinho, serenidade. Por favor, Deus! Não me abandone...

A voz da minha mente voltou a falar comigo.

"*Ele nunca o abandonou. Você, sim, a Ele.*"

– Acho que tem razão – disse-lhe, levantando a cabeça e observando aquele lugar horrendo. – Talvez o tenha mesmo abandonado.

"*E sua vontade, ainda está firme?*"

– Sim. Quero ir embora! Desejo ardentemente.

"*Peça a Deus...*"

– Ele não vai me escutar. Sou apenas um farrapo!

"*Então mentiu para mim quando disse que tinha a vontade firme?*"

– Não, não, não menti. Falo a verdade!

"*A pior mentira é aquela que mentimos para nós mesmos.*"

– O que quer dizer com isso?

"*Que você se sente um farrapo e essa é a sua verdade momentânea.*"

– Estou começando a entender você. Se eu me sentisse um guerreiro, talvez saísse daqui, não é mesmo?

"*Deus não quer guerreiros. Quer mansos e pacíficos... Vencedores de si mesmos... Por isso, mandou Jesus ao mundo...*"

– Jesus, um grande avatar... O maior deles... Não era um guerreiro, nem um líder político... Quem ele era, então?

Um breve e inquietante silêncio se fez, sendo quebrado por um pensamento externo mais significativo, como se soasse aos meus ouvidos:

"*Exemplo! Exemplo de amor, mansuetude, quietude, paz, sinceridade, verdade, beneficência. Poder que não macula, não mata e não fere; não dissimula, ameniza e pacifica... Que é luz!*"

– Há sempre uma luz? – tentei completar o raciocínio.

"*Sim, há sempre uma luz... Tanto é que os insetos a procuram.*"

Parei de dialogar com o que parecia ser minha mente e pus-me a meditar:

"*Insetos buscam a luz... A luz sempre está no mesmo lugar e atinge longas distâncias. O inseto é quem vai buscá-la... Buscá-la*".

– Sei o que você quer dizer agora – falei. – Devo buscar a luz, tal como os insetos?

"*Isso! Fez progressos. Só que isso depende de você... Há uma opção entre duas: procurar a luz como guerreiro ou como inseto. O que prefere?*"

– No momento, creio estar mais para inseto que para guerreiro. Estes são fortes, poderosos, arrogantes, garbosos...

"*Os insetos também são fortes e poderosos. Já imaginou o que uma formiga do seu tamanho faria no mundo dos homens?*"

Gargalhei e completei mais suavizado:

– Você me faz rir.

"*E isso lhe faz bem?*"

– Sim, sim... um enorme bem. Ultimamente, não tenho rido.

"*Que tal começar a pensar assim doravante, ser um inseto sorridente?*"

Sorri novamente.

– Um inseto sorridente? Posso tentar.

"*Tentar ou querer?*"

– Tentar? Ah, não, não... Querer!

"*Decida-se. O inseto sorridente tem asas e pode voar. O guerreiro e sua armadura, não. O que é mais viável?*"

– Ser o inseto, lógico!

"*Ainda quer ser o inseto?*"

Envolvi-me em minhas elucubrações. O que "minha mente" me dizia era coerente. Buscava a saída, mas tudo me levava a crer que a única saída estava na minha força de decisão. Aquele eco mental não me dizia o que fazer, mas conduzia-me a pensar o que eu poderia fazer. Tornou-se uma questão de decisão.

– Você ainda está aí? – perguntei ao fantasma mental.

"*Mais progressos. Agora me trata como segunda pessoa. Claro, estou aqui! Já se decidiu?*"

– Senti um desejo, agora.

"*E qual é?*"

– Se você é "você", quero vê-lo. Percebi, desde que aqui cheguei, que as criaturas tomam as formas que desejam. Passou pela minha mente o Ronaldo. Ele transformou-se como um mágico, só que em uma coisa horrenda.

"*Quer mesmo me ver?*"

– Quero!

"*Senti firmeza! Quem você gostaria de ver nesse momento, digo, uma pessoa que você quer muito bem?*"

– Meu filho.

"*No momento, isso não é possível. Pense em outra pessoa.*"

Estacionei e fui buscar em meu íntimo alguém que me trouxera felicidade, recentemente. Viajei no espaço de meus sentimentos e decidi:

– Quero ver Amália! Seu sorriso é lindo!

"*Ela está muito ocupada no momento. Se incomodaria de pensar em outra pessoa?*"

Sem pestanejar, movido pela curiosidade, respondi:

– Aquele cara que vi ontem. Apesar de esquisito, percebi nele algo de bom.

"*Ok! Você desejou...*"

Confesso que, naquele momento, gelei, tremendo feito animal acuado. Estava em um mundo diferente, parecendo utópico; meio ficção. Julgava-o um "mundo de conto de fadas". Tudo era novo, desconhecido, absurdo, fantástico! Conversava com o que julgava ser a minha própria projeção íntima. O que poderia resultar disso? Mil e uma dúvidas assombraram-me, mas eu tinha que experimentar. Fiquei estático, observando com os olhos inquietos para detectar alguma presença. Como em um passe de mágica, eis que surge à minha frente aquele a quem vira pouco tempo atrás, objeto do meu desejo... Melhor dizendo, da minha curiosidade.

– Você? Não acredito!

– Vai dar uma de São Tomé? – disse-me o homem.

– Não, não, claro que não... Diga-me, você esteve aqui o tempo todo?

– Sim.

– Por que não o vi?

– Porque não quis, mas, a partir do momento que teve vontade, viu-me.

– Quem é você? Sinto que o conheço... – investiguei.

– Só vou lhe dizer quando você me der o seu autógrafo. Sou seu fã!

Aquela voz, aquela frase, o trejeito ao falar, a solicitude e o carinho... só podia ser:

– Luiz Sérgio! Você está horrível! Por que está assim? É uma fantasia?

– E como acha que estou vendo você? Não parece nenhum mestre-sala da Mangueira.

Abracei-o efusivamente. Beijei-lhe a face diversas vezes. Notei que não se indignou.

– Você é um cara estranho – falei, emocionado.

– Por não ter rejeitado você?

– Sim! Normalmente as pessoas, principalmente aquelas que não conheço bem, teriam me criticado ou me olhado de outra maneira. Sabe com é, né?

– O preconceito? – redarguiu.

– Sim... o preconceito.

– Já vi que precisamos conversar muito, não é, Ruggeri Rubens?

– Luiz, como faço para sair daqui?

– Já deu um primeiro passo, amigo. Agora é ter paciência. Você sabe qual a saída. O inseto com asas, lembra?

– Isso é filosofia, cara! Preciso de realidade. Algo mais palpável, entende?

– A melhor filosofia é aquela que compreendemos pelo exercício prático de seus postulados.

– Ainda ressoa como filosofia – retruquei, meneando a cabeça negativamente.

– Você só não saiu daqui ainda porque acredita que a filosofia lhe é externa. Acha que acumulou muito conhecimento e isso fez de você um guerreiro. Por essa razão reluta em agir como um inseto.

– Orgulho? – respondi.

– Você o disse...

– Tem razão. Sempre fui muito orgulhoso.

– Deixe o guerreiro de lado... Comece a pensar como um inseto. Guerreiros têm vontade própria, mas os insetos...

– Fazem a vontade de quem os criou? – complementei.

– Exato! Você está fazendo rápido progresso.

– Ensine-me a ser um inseto!

– Sua última frase foi um primeiro passo, mas eu não sou Deus.

Decerto, Luiz Sérgio não era Deus. A luz! Sim, o inseto tinha de procurar a luz. Fazer a vontade de quem o criou. Eu só não podia voar como inseto, porque o orgulho me despia das asas da humildade, que poderiam me conduzir a Ele. Caí em prantos aos pés de Luiz que, segurando minhas mãos, arrebatou-me das lágrimas:

– Ruggeri, por favor, não me envaideça! Eu não sou um altar e muito menos o seu confessor. O que aprendemos no catecismo?

– Que devemos nos recolher para conversar com Deus...

– Ótimo, amigo. Faça isso! Não precisa de mim. Esta conversa é de Pai para filho. Abra o seu coração! Sou apenas um inseto também. Ele, O Pai, é a luz!

Permanecendo ajoelhado, olhei para o que seria o firmamento daquele submundo paralelo e orei como nunca havia feito. Pedi perdão a Deus por todos os erros cometidos e roguei piedade para uma alma sofredora, que buscava somente a paz e entender o que é o verdadeiro amor.

Senti um calafrio percorrer todo o meu corpo, ao mesmo tempo que uma fenda iluminada se abria à minha frente, quando fui envolvido por uma imensa luminescência, a ponto de cegar-me temporariamente. As mãos de alguém tocaram meu corpo, abraçando-me com segurança, quando então ouvi a mais bela frase que poderia um simples e ignorante "inseto" escutar:

– *Seja bem-vindo, meu filho...*

O dia após a noite. A calmaria após a tempestade. Dormir para acordar. Sofrer para valorizar. Doar para receber. Amar para ser amado. Morrer para renascer. Perder-se para reencontrar-se. A chave da felicidade estará no reconhecimento de que, quando a dor é iminente, o lenitivo virá logo em seguida.

R. R.

6

E QUANDO TUDO PARECIA PERDIDO...

Quando acordei, estava sobre uma cama macia, com lençóis cheirosos. Era um quarto pequeno, mas asseado. Cheirava a alfazema do campo. Um delicioso e tênue bafejo do ar matinal penetrou pela janela, esvoaçando as cortinas azul-celeste.

Ao lado do leito, havia uma jarra contendo algum tipo de líquido, um prato de sopa e um exemplar de um livro. Curioso, cheguei mais perto para observá-lo, reclinando lentamente minha cabeça, embora reconhecesse que estava bastante fatigado.

"*A vida em muitos reinos*", era o título do livrinho, cuja capa parecia ser de um material holográfico de raríssima beleza. De uma coisa estava certo, voltara ao "paraíso".

Alguém bateu na porta. Era uma enfermeira, que me cumprimentou efusivamente.

– Bom dia! Que manhã mais linda! Como tem passado o nosso amigo?

– Bem, pelo menos não me vejo no “inferno” que estava – respondi-lhe, embora um tanto dramático.

– Que palavra mais feia. Que tal dizer na “escola” em que estava? – aduziu.

– Chamar aquele lugar de escola é comparar ouro a breu...

– Não seja tão pessimista, Ruggeri. O pessimismo estraga nossas vidas, embota o nosso hálito mental e transforma as nossas palavras em espinhos acutíssimos.

– Filosofia?

– Não. Verdade!

Calei-me diante de tão bela jovem. A força do seu verbo, para mim, foi sinal de que devia me silenciar, para não proferir asnices.

– Onde estou? – perguntei-lhe.

– Onde desejaria estar?

– Em qualquer lugar que me trouxesse paz.

– Acha que isto aqui lhe dá paz?

– Por que ultimamente as pessoas têm me perguntado coisas?

– Porque as respostas estão em você, que é o seu próprio universo.

– Já vi esse filme antes, creio – retribui-lhe sem muito entusiasmo.

– Sim! Um filme cujo conteúdo está em você. Pode ser revisto quando quiser. Certamente, verificará inúmeros erros que passaram despercebidos. Cinéfilo[9] inveterado, você deve compreender o que estou falando.

– Sabe muito sobre minha vida.

– Nada de tão secreto que não possamos saber.

– Possamos? Quem "pode"? – interroguei-a, curioso.

– Aqueles que o amam. E se vai perguntar "quem o ama", vou lhe dizer que está na hora do seu medicamento – finalizou, apresentando-me um copo com um líquido verde floresta.

– Que é isso?

– Melhor deixar de tantas perguntas, Ruggeri. Decerto não é nenhuma poção venenosa – arrematou a moça, sorrindo.

– Ainda não sei quem você é.

– Oh, como sou indelicada! Perdoe-me. Chamo-me Ana Cláudia. Sou a responsável por esta ala. Tudo o que precisar, pode me contatar.

– Ala? Isso aqui é um hospital? Como, então, posso contatá-la, se não existe nem campainha?

– Use a campainha mental. Pense e logo saberemos.

– Ficção científica? – gracejei, repuxando o canto da boca.

– Não! Novamente, não. Realidade! Agora, queira tomar o seu remédio, por favor.

9 Cinéfilo – aquele com rica cultura em cinema

– Está certo! Do jeito que me olhou, espero que não me engula – brinquei. Sorrimos juntos.

– Ana Cláudia, gostaria de fazer uma pergunta.

– Quer saber onde anda Luiz Sérgio, Donato, Amália e companhia, não é mesmo? – complementou de imediato.

– Nossa! Quando vou aprender a fazer essas coisas?

– Calma! Tudo em seu tempo, Ruggeri. Precisa se recuperar. Veio de uma experiência nada agradável, embora proveitosa. Colheu lições valiosas que, mais tarde, saberá melhor aquilatar os valores. Quanto aos seus amigos, espere mais um pouco. Por enquanto, descanse apenas.

– Ordens são ordens! Está bem. – gesticulei em continência.

– Veja só como está se disciplinando... Logo, saberá para onde vai. Há sempre um caminho.

– É, há sempre uma luz! – sequenciei.

Ana abriu um sorriso fantástico. Seus dentes alvinitentes reluziam, emitindo estupenda luz.

– Você é um anjo! Só pode...

– Me vê com asas, Ruggeri?

– Quem tem um sorriso assim não precisa de asas.

Mais uma vez, olhou-me com ternura, fez um carinho nos meus cabelos e, pausadamente, premeu-me contra o colchão emplumado; recobriu-me e beijou minha testa, demoradamente.

– Deus o abençoe! – disse.

– Já me abençoou...

Ela saiu devagar olhando para mim. Quando estava na porta, despertou-me a curiosidade e perguntei:

– Ana, você me ama?

Fixou-me o olhar nítido e mais uma vez sorriu.

– Preciso dizer?

– Não. O seu sorriso já pagou o preço que exigi.

– Amar não tem preço e não é preciso ser dito... Pense nisso.

Contemplei sua saída do quarto. Ela estava com a razão. Amar não tem preço algum. É, antes, tola exigência nossa. É gratuito, não exige, não cobra, apenas dá, doa, beneficia.

Vi a sinceridade no olhar de Ana. Tive vontade de perguntar se ela me conhecia de algum lugar, mas reconheci de pronto a tolice do meu questionamento. Revirei-me na cama e acabei dormindo profundamente.

Sonhei. Via-me em uma floresta densa, em lugar qualquer da Europa. No sonho, parecia apreensivo, ansioso, aguardando alguém ou alguma coisa. Eis que surgiu um bonito jovem. Abracei-o fortemente. Transmiti-lhe minha apreensão e ele buscou me acalmar.

– Procure aceitar os fatos. Não somos diferentes, somos iguais. Eu a amo, mas não posso aceitá-la como contraparte. Não é possível. Tenho mulher e filhos. Enquanto vida tiver é a eles que devo me doar; entenda! O que me exige não é possível agora. Nosso amor pode subsistir a tudo, mas não queira forçar uma situação da qual não seremos felizes. Pode me amar mesmo assim.

– Não! Eu o quero! Não admito perdê-lo para aquela megera.

– Como é incompreensiva. Não entende que, se ficar com você, vou destruir a vida de Hélen? E as crianças? Não pensa nelas? Eu também as amo. São minhas filhas!

– Vil! Mentiu para mim! Nunca soube delas. Agora, coloca essas crias como obstáculo à nossa felicidade.

– Não! Perdoe-me se delas não falei. Precisava de alguém que me compreendesse, que me ajudasse a suportar as dificuldades...

– Aí me procurou, me seduziu, me engravidou e agora quer me deixar? Ah! Eu te odeio! Fui iludida! Se pudesse, jamais queria ter nascido mulher. Somos escravizadas pela lascívia de vocês, homens! Porcos! Valem-se das nossas fraquezas para nos reduzir a farrapos. E agora, o que faço da vida? Você é casado; tem filhos... E eu, o que serei? No mínimo, considerada uma prostituta! Quem, nesta sociedade preconceituosa, me aceitaria como mulher?

– Mas o que posso fazer agora? – disse o rapaz.

– Nada! Nada! Volte para a sua megera. Viva com ela e seja muito feliz!

Eu era uma mulher! Sentia-me traída e desconsolada. Meu único desejo era tirar a minha vida. Diante de um espelho, observei minha beleza física. Mas de que me adiantava? Não tinha quem eu queria. Enganada, traída, seria humilhada por ser mulher solteira e por ter um filho. Não havia outra saída. Meus pais não me aceitariam no lar. Resolvi, no sonho, me suicidar. Procurei um objeto qualquer que me ferisse mortalmente. Não encontrando nada que pudesse aplacar a dor moral de maneira rápida, busquei uma elevação próxima. Sim, seria o ideal. Cair no vazio e me despedaçar nos rochedos pontiagudos lá embaixo. Sem considerar outra alternativa, em desespero, atirei-me, sentindo o horror de ver o chão se aproximando veloz.

Despertei do pesadelo em um salto. Estava trêmulo. Para minha surpresa, eis que Donato estava ao meu lado, com a destra na minha testa.

– *Figlio mio*... Teve um sonho ruim? – perguntou, afagando meus cabelos.

– Meu Deus! Sonhei que eu era uma mulher! Uma mulher!

– Isso lhe parece um absurdo?

– Sim. Eu não sou mulher, sou homem!

– Meu caro, as impressões do mundo nos são fortes. Quando estamos na carne, nos julgamos senhores da sapiência, muito embora, em verdade, estejamos muito aquém de dominar todos os conhecimentos.

– William Shakespeare?

– Isso mesmo! Nem tudo sabe a nossa vã filosofia... Você era um leitor voraz, compulsivo. Sábio! Contudo, entre a sapiência adquirida pela leitura, o conhecimento, a intendência e a realidade daquilo que ainda está oculto, há uma grande distância, cuja ponte só é construída com o abandono de certos preconceitos, pelo entendimento de que não somos maiores que o amor eterno que a tudo rege. É preciso que compreendamos que, como espíritos imortais, não somos homens ou mulheres, características tão peculiares ao globo em que vivemos, tão necessárias para as funções reprodutivas por meio do ato sexual. Somos espíritos! Essência de Deus, inteligências, faíscas do amor universal.

Após uma breve pausa, Donato continuou sua preleção:

– Então, a partir dos conceitos "sexo", distinção entre sexos, macho e fêmea, dominante e dominado, vamos tecendo a trama do preconceito, cujo veneno aracnídeo destilamos em nossa convivência com as demais criaturas. Quando Jesus veio à Terra, muito embora isso não esteja descrito nas linhas atuais dos códices religiosos, portava-se como homem, vestia-se como tal, sua voz era grave, mas a sua essência era mansa, pacífica. Transformava a palavra em ação, um verdadeiro cordeiro. Não era homem nem mulher. Era Jesus, o exemplo! Que nos importa se, após mais de dois mil anos, desde a sua vinda, podia ele procriar ou não, ser macho ou fêmea, ter posses ou ser um mendigo, dormir em colchão de plumas, como este que você está deitado, ou se, momentaneamente, tinha raízes de árvores como recosto de descanso? Nada disso importou! Valeram, e continuarão valendo, as qualidades do seu coração, irmanado com a vontade do Eterno. Será que me fiz compreender?

– Pelo que depreendo, você quer me dizer que realmente já fui mulher, como já tenho lido em livros kardecistas? – repliquei de pronto.

– Em livros espíritas ou espiritualistas, pouco importa, meu filho. Quem fomos ou deixamos de ser de nada vale sem as qualidades do coração. O que mais importa é aprender a amar, independentemente do que somos em corpo material. No mundo, nós nos preocupamos em ter, não em ser. Daí surgem os desajustes. Você sonhou que foi uma mulher, mas nem por isso se sente como tal.

– De fato! Suportei muita barra por causa desse preconceito tolo.

– Tolo, mas que, para a maioria dos terrenos, ainda faz muita diferença.

– O tal do preconceito?

– A ignorância; permita-me corrigi-lo. Sei que teremos muitas oportunidades de conversar sobre isso. Todavia, por agora, quero que venha comigo. Precisamos ir à nossa hora de oração. Urge que nos apressemos.

As palavras de Donato ficaram ressoando em minha mente. Sabia que ele estava certo. Sentia que ouvira ou lera, ou quem sabe, vivenciara tais experiências. Foi tudo muito nítido no sonho. Cada vez mais me certificava de que estava mais vivo que nunca, até com direito a sonhar com um passado ainda envolto em brumas.

Donato sabia de tudo o que se passava comigo. Era isso o que ele dava a entender. Percebeu que eu estava circunscrito ao que ele me dissera. Deixara-me assim. Ao seu lado, senti-me como se estivesse ao lado de um pai. Recordei meu pai, a quem muito amava. A saudade invadiu minha alma. Prosseguimos lentamente, pois eu ainda caminhava com dificuldade.

Caminhamos por entre alamedas cercadas de vegetação densa, traçando o roteiro por onde deveríamos passar. Chegamos, enfim, a um imenso salão, construído na base de uma serra. Seu portal era esculpido na própria montanha. De fora, a caverna parecia escura e desabitada. Porém, após entrarmos, vislumbrei que era habitada, iluminada e tinha ventilação equivalente a quem estava fora dela.

– Donato, que lugar é este? – perguntei.

– Trouxe-o aqui para que observe. Neste local, são reunidos inúmeros mendigos espirituais, na verdadeira acepção do termo, pois, trazidos das furnas e vales de sofrimento, aqui encontram o repositório de refazimento para que, posteriormente, sejam encaminhados a outros lugares mais adequados.

– Aqui ainda é um hospital?

– Sim, meu filho. Mesmo nas mais densas regiões de escuridão, eis que nosso Pai amantíssimo provê o socorro adequado a quem necessita, razão pela qual ninguém, nem mesmo o mais abjeto dos seres, está desamparado.

– Sabe, venho pensando ultimamente na razão de vocês terem me socorrido...

– Algum dia terá a resposta. Por enquanto, apenas observe – pausou.

Seguindo os conselhos do meu orientador, adotei a postura de fitar aquelas dezenas de criaturas espalhadas pela imensa gruta, ladeadas de outro tanto de auxiliares que se assemelhavam a enfermeiros, médicos ou terapeutas.

"Pobres diabos!" – pensei – "De onde teriam vindo?"

– Eles são filhos do vício, da depressão, da solidão, da amargura, da dor. Estão por toda parte – acrescentou Donato. – E não são pedintes de rua. Pertencem às mais variadas classes sociais do planeta. Muitos dos quais tiveram excelentes oportunidades em sua vida, de servir, de amar, de respeitar... Contudo, projetando-se mais para o egocentrismo e para a materialidade, ao descrerem da sociedade em que viveram, ao discordarem dos projetos governamentais, da política ou das desigualdades sociais, optaram por ingressar no mundo obscuro e desigual do vício. Entre eles, existem alcoólatras, toxicômanos, anoréxicos, bulímicos e outros engrossando o exército de desesperançados.

– Sinto-me um deles! – murmurei, desconsolado.

– Foi! E continuaria a ser, não fosse o crédito conquistado em vidas pretéritas, nas quais você exercitou experiências no bem.

– Não entendo isso. Como é essa história de vidas passadas?

– Lembra-se do sonho que teve ontem?

– Sim.

– Em realidade, não foi sonho. Foi vivência!

– Quer dizer que já fui mesmo mulher?

– Sei que é difícil compreender. Isso reforça que nem sempre o acúmulo intelectual está na razão direta da conquista espiritual. Estudou filosofia, tinha ampla gama de cultura em seu arquivo mental. Destarte, consegue compreender com dificuldade as coisas de Deus. Já lhe disse que ser ou não ser não é a questão. A essência é nos sentirmos como somos. Eis o grande mistério.

– Pode explicar melhor? – interroguei, bastante confuso.

– Quando reencarnado em um corpo feminino, você se sentia como tal, vivia como tal, amava ou odiava como tal. Isso ocorreu em uma época em que o preconceito estava acima do entendimento atual que, embora ainda preconceituoso, repudiava a maternidade sem o casamento. O filho que geraria, resultado do conúbio amoroso com aquele jovem, lhe traria imensas amarguras. Por isso, foi em busca dele. Rejeitada, por saber que ele tinha uma família e sabendo que não poderia mais desfrutar do amor dele, o qual acreditou ser eterno e duradouro, resolveu então pôr fim à sua vida.

A essa altura das narrativas de Donato, meus olhos estavam marejados. Era como se eu realmente tivesse vivido as cenas que sonhara. Ele continuou:

– Suicidou-se, o que é uma transgressão grave às leis divinas. Daí em diante, não desejou mais habitar um corpo de mulher, muito embora sua essência espiritual melhor se identificasse com os atributos tão peculiares ao elemento feminino. Além do que, você buscou acirradamente a paixão do ser amado, perseguindo-o vida após vida, mesmo que em corpos diferentes.

Após breve pausa, finalizou:

– Peço que não estendamos mais o assunto. Aos poucos, saberá compreender melhor tudo o que falei.

O que meu instrutor dizia fazia algum sentido, contudo, meu raciocínio ainda não conseguia aceitar os fatos como me foram expostos. De repente, fui desperto por um tapinha nas costas.

– Oi, chapa, tudo legal?

– Luiz! Que surpresa!

– Que está fazendo aí parado, Ruggeri?

– Trocando ideias filosóficas com o amigo Donato.

– O quê? Filosofando enquanto outros sofrem? Amigo, não estamos na Grécia. Há muito o que fazer.

– E o que posso fazer em um ambiente desses, onde pessoas sofrem agruras?

– Lembra-se do inseto? – rememorou Luiz Sérgio.

– Sim! O que um inseto magro, fraco e despreparado pode fazer em um hospital desses onde existem médicos habilitados?

– Você é um sábio. Um inseto não poderia fazer muito, mas um ser humano pensante, com braços, pernas e um coração para guiar a mente... Quem sabe?

Fiquei atônito. O que fazer? Não sabia nada sobre o socorro ao próximo. Daí percebi que precisava aprender a lidar com aqueles que eram meus semelhantes. Desfazendo-me das presenças de Luiz Sérgio e Donato, caminhei dentre os leitos, vagarosamente. Vi criaturas desfiguradas, sofridas, doloridas, chorosas. Penalizei-me e comecei a chorar. Ajoelhei-me, cobrindo o rosto com as mãos. Após alguns minutos de interiorização, ao olhar para o chão, abaixo de uma das camas, percebi que nela havia um esfregão. Elevando a minha visão, notei que um pobre desgraçado havia vomitado. Ao seu lado, uma linda mulher, que me pareceu uma médica, impunha-lhe as mãos, enquanto outro dedicado assessor untava a fronte do enfermo com uma pasta azulada.

– Como se limpa isso aqui? – inquiri.

A médica respondeu que eu poderia fazê-lo com o esfregão, após embebê-lo em um líquido que dormitava em um balde próximo. Desvencilhando-me de qualquer preconceito ou aparente dificuldade, pus-me a limpar o chão. Assoviei uma de minhas músicas. Enquanto o fazia, Luiz aproximou-se e falou, fazendo sinal positivo com a mão direita:

– Aí, campeão! Esse é o Ruggeri que eu conheço. Determinado, obstinado... Um verdadeiro cavaleiro.

Sorri, interrompendo a tarefa, em seguida, fitei o enfermo que estava sobre a maca. Seu rosto... algo naquele semblante me era familiar. Sem saber como, aquela imagem do convalescente desapareceu da minha frente, para dar lugar a cenas cinematográficas, tornando as palavras de Luiz Sérgio um eco distante.

Via-me ornado com uma densa armadura, montado em imenso cavalo normando. Desfilava com elegância e, quando eu passava, as pessoas me reverenciavam, denotando que eu era alguém respeitado. À frente, surgiu um imenso castelo medieval. Bandeiras, soldados, pessoas comuns faziam parte do cenário. Era uma verdadeira fortaleza. A língua era a francesa. As imagens eram confusas, iam e vinham à mente.

Subitamente, vi um símbolo. Um brasão cuja imagem foi substituída por uma sensação de que, apesar de forte, muito forte, eu estava envolto em clima de traição. Fui traído por alguém que se dizia amigo. Fizeram-me prisioneiro, enjaulando-me feito animal feroz. Bradei impropérios. Um julgamento. Fui acusado e me sentenciaram à morte, juntamente com outras pessoas.

– Por quê? Defendi a nossa causa, a causa de Nosso Senhor... Patifes! Traíram-nos! Injustiça! – vociferei diante daquele tribunal de mentiras. – A fogueira. Prepararam uma fogueira.

– "Amigos, todos vamos morrer!" – bradou aquele que pareceu ser o nosso líder.

Meu grão-mestre... por quê? Não fez mal a ninguém. Pessoa reta, justa, leal e caridosa. Malditos! – bradei!

– "Tenham fé, meus irmãos! Deus está do nosso lado!" – Finalizou ele, concitando-nos a mantermos a coragem.

Inspirado pelo gesto de bravura, disse-lhe:

– Morrerei feliz, meu mestre. Foi uma honra ter servido ao vosso lado!

Repentinamente, vi o fogo dominar os quadros mentais:

– Meu Deus! Cessai a minha dor... por amor... cessai a nossa dor!

Quando despertei daquela espécie de pesadelo, em pleno estado de vigília, já estava sentado do lado de fora da gruta, ladeado por Luiz Sérgio.

– E, então, como se sente agora?

– Jesus Cristo! O que aconteceu?

– É o que chamamos de reminiscências ou regressões de memória. Nossa mente é a depositária de todas as nossas experiências, desde a monera até o anjo. É uma espécie de computador do eterno, entende?

– Faz sentido. Por isso parecia que estava sonhando acordado?! Vivi tudo isso, então?

– Há muitos séculos, meu amigo. Mas séculos são filigranas de segundo para o relógio do Eterno. Portanto, já passou! O fato de haver sido um dos cavaleiros da Ordem do Cristo lhe rendeu certos dissabores.

– Por que acontece de relembrarmos coisas assim? – interroguei-o.

– Não acontece sempre, meu caro. Somente quando há necessidade, por meio de dispositivos intrínsecos a todos nós, vêm à tona em certas situações, por nossos guias ou mesmo por causa do nosso estado emotivo, gerando e reativando os mecanismos que nos fazem relembrar tais vivências.

– Ainda não entendi a necessidade de isso acontecer agora. Eu estava só querendo ajudar... – expressei-me, levantando os ombros.

– Isso é porque você é uma boa alma. Embora imperfeito, como todos nós, tem a bondade e a honestidade em teu coração. Isso gera efeitos positivos para quem deseja alcançar o amor eterno. Como está em processo de refazimento, vez ou outra relembrará algo do passado, a fim de que compreenda o presente e arquitete melhor o futuro.

– E por que isso não acontecia enquanto eu estava na Terra?

– Como não? Vai me dizer que se esqueceu dos sonhos, das intuições ou mesmo dos pensamentos vividos em tão pouco tempo? E algumas letras das suas músicas, porventura não estavam revestidas de alguns tópicos que já pôde divisar depois de estar aqui?

Fazia sentido o que dizia o meu novo amigo. Curioso, então prossegui:

– Luiz, Donato me chama de "*figlio*", vez por outra. Trata-me com carinho tão característico de quem é ou já foi pai. Quem é ele? Tenho a impressão de conhecê-lo de algum lugar.

– Isso é efeito da simpatia e da afinidade, meu caro. Donato é um espírito vivido, assim como nós. Contudo, soube aproveitar melhor o seu tempo para amar indistintamente o seu próximo. Você foi a razão de muitos séculos de dedicação em seu auxílio.

– Quer dizer, meu "anjo da guarda"?

– Encarnado e desencarnado, Ruggeri. Nem sempre, porém, correspondemos aos avisos, aos conselhos, à proteção e à orientação de nossos tutores mais avançados na senda da experiência infinita. Queremos infringir, desfazer, adulterar, provocar, enfim... Donos da razão, desejamos ser os tais irreverentes, contra tudo e todos. Daí, nos damos mal e criamos uma distância enorme entre nós e eles, que tanto nos amam.

– Fiz muita besteira, não foi?

– Fizemos, Ruggeri. Fizemos... Não há mais tempo para lamentarmos omissões ou atos inconscientes. Resta-nos a eternidade para consertarmos os erros, mas pouco tempo nos resta para endireitar esse velho mundo tão chagado e conturbado. Tivemos nossa parcela de culpa por ele estar assim, meu caro. Portanto, cabe a nós refazer conceitos, tracejar planos para novas empreitadas. Que tal entabularmos juntos tais planos?

– É uma boa ideia! – respondi. – Preciso de orientação. Não sei como caminhar nesse novo mundo. Pensava que sabia muito da vida. Julgava-me acima dos meus amigos, parentes e até mesmo dos meus pais, embora procurasse respeitá-los, na medida em que não me anulassem. Acreditava, sim, em uma força que a tudo movia, a quem chamamos de Deus. Li muita coisa a respeito. De tanto ler, acabei confuso ou descrente, pois meus sentimentos eram uma verdadeira babel, entende? Queria o amor, mas creio que não soube amar. Depravei-me!

– Desprezou-se! Este é o termo correto. O desprezo por si o levou a cometer abusos indizíveis. É a falta de amor-próprio. Achamos que esse sentimento tão nobre está no próximo. Na verdade, se ele não estiver dentro de nós, tudo o que vem do exterior nos parecerá infrutífero. Daí, sobrevém o vazio, a solidão; e, então, nos perdemos em conjecturas absurdas, idealizando modelos de vida que não temos capacidade para atingir, formulando relacionamentos que apenas forjam uma aparência do verdadeiro ser. Logo, caímos em depressão, e as consequências são funestas.

– Por que não encontrei você antes, cara? Se o conhecesse, teria evitado tantos deslizes – assegurei-lhe, cabisbaixo.

– Não se engane, Ruggeri. Se tivesse me conhecido na vida terrena, certamente não teria valorizado nossa amizade. Você era uma estrela, camarada! Vivia em uma constelação em que só os parentes e afins tinham acesso. Ademais, diante das suas complicações interiores, decerto, logo me tomaria por uma paixão. Não podemos deixar de acrescentar as experiências que vivenciou até agora. Por isso, lhe digo, sem medo de errar, que nosso reencontro ocorreu no momento certo, pois a providência divina a tudo organiza. Nunca ouviu falar que "*não cai uma só folha ao solo sem a vontade de nosso Pai*"?

– Você está certo... – intercedi meneando a cabeça, concordando.

– Uma coisa que não percebeu... – prosseguiu Luiz. – A sua busca desesperada para compreender a sua situação atual o distanciou da depressão e da solidão em que vivia. Na tua fraqueza, reuniu forças, sozinho, para alcançar a luz.

– Tive a ajuda de muitos... Isso não condiz com a verdade, Luiz.

– Corrijo! Sempre teve. Só não soube dar atenção. Quando desejou, fervorosamente e usando a razão, conseguiu o transporte do lodaçal da incúria humana, para o paraíso da paz, em um piscar de olhos.

Compreendendo as palavras do bondoso amigo, abracei-o e chorei, dessa vez, eivado de indecifrável emoção, por assimilar que estava nos braços de Deus, Deus que eu servira como cavaleiro da Ordem do Templo, em tempos imemoriais; do Deus que me abriu as portas do seu castelo celeste, agora, para servi-lo de outra maneira. Desta vez, sem o metal ou o brasão; mas com a razão e o coração.

Fui arrebatado das meditações por Luiz, que me convidou a prosseguirmos na limpeza do ambiente hospitalar. Sem pestanejar, tomei o esfregão e o balde, disposto a limpar as poças viscosas dos inúmeros sofredores.

O fiz despojadamente, por compreender que não existem eleitos. Há os que estacionam e os que progridem moralmente. Esse último estágio só é possível conseguir com a reformulação dos conceitos e com a eliminação dos preconceitos, adquiridos por aprendizados deficientes ou fruto das más interpretações. Senti-me muito bem...

O egoísta só olha para trás quando para visualizar o que plantou de riquezas e de poder, mas nem sempre tem coerência e coragem para colher o que semeou de erros. A História nos ensina algo muito simples: que não devemos ser os mesmos de ontem!

R. R.

7

O PASSADO ENSINANDO O PRESENTE

Todos os dias, dedicava-me durante horas ao labor naquela instituição de amor fraterno. As pessoas não tinham descanso, trabalhando avidamente, buscando amenizar o sofrimento alheio.

Certo dia, estando ao lado de uma equipe que transferira há pouco uma pessoa praticamente dementada, fruto do excessivo uso de drogas, cheguei a passar mal. Tonto, desfaleci, percebendo depois que fui acudido pelos membros da equipe. Foi quando uma moça chamada Ruth me despertou:

– Ruggeri, acalme-se! Logo estará bem.

– O que se passa? Sinto-me péssimo! Meu Deus! Não quero sentir isso novamente!

– Calma, calma... Tenha confiança. Logo vai passar – reiterou, acolhendo-me em seu colo. Vomitei muito.

Mais calmo, observando a sujeira que havia provocado, desejei saber por que isso acontecera; afinal, vinha trabalhando naquele hospital há dias. Muito tempo tinha passado sem que eu me sentisse em péssimo estado. Fiquei com medo de regredir à situação anterior.

– Não tema – disse Ruth, tentando me tranquilizar. – Você está sendo amparado. Suas reações nada mais são que o expurgo lento e gradual de todas as toxinas acumuladas em anos de abusos contra seu corpo físico e espiritual. Estando aqui, auxiliando àqueles que estão em pior estado, aos poucos, você é também beneficiado, tanto pelo ambiente como pelas energias balsâmicas que aqui circulam, o que, de vez em quando, o fará excretar tais venenos.

– Pensei que fosse morrer, Ruth...

– Só se for novamente, Ruggeri Rubens! – impostou, esboçando um sorriso mágico. – Por hoje, deve se licenciar. Chamarei Antônio, para que o conduza a seus aposentos. Antes, ele vai levá-lo a um dos recantos da estância.

Antônio era um moço muito bonito, alto, forte e musculoso. Fiquei encantado. Prestimoso, conduziu-me a um lugar distante de onde estávamos, dando a perceber que a *Estação dos Jasmins* tinha um vasto território.

– Tudo bem agora, Ruggeri? – saudou-me com alegria. – Quero que conheça a cascata do refazimento.

– Gosto da natureza. Tenho certeza, que me fará muito bem.

– Esta cascata é especial e por uma razão muito simples. O que nos parece água, na verdade, é elemento químico eterizado, proveniente de uma colônia que está acima de nós, de onde recebemos o apoio energético e assistencial necessário à convalescença de muitos.

– Onde realmente fica esta estância? – sondei, curioso.

– Fica sediada nas regiões escuras, ou seja, próximas à crosta terrestre; sede das energias turbulentas e nocivas dos encarnados e desencarnados que se comungam. É como se estivéssemos na plataforma continental, comparando aos conhecimentos terrenos. A crosta é a terra, o mar profundo seria o similar das regiões espirituais inferiores. Aprofundando-se mais um pouco, temos as regiões de maior pressão e densidade, que são as faixas chamadas umbralinas, até descermos às regiões de trevas, entende? Mas é apenas uma comparação. Não significa que o mar seja esse lugar a que me referi. A *Estação*, digamos, é uma espécie de "laboratório submarino", uma enfermaria dentro do mar psíquico dos seres humanos.

– Então, estamos próximos do inferno escatológico?

– Não como pensam as religiões terrenas. Infernos conscienciais, eu diria. Veja se me faço compreender. Quando estava no reino de Sodom, julgava-se no inferno, não é mesmo?

– Assim acreditei...

– Muito bem. Estando aqui, sente-se em um verdadeiro paraíso, de certa forma, longe dos pesares daquele lugar de aprendizado, não é?

Meneei a cabeça, confirmando, enquanto ele prosseguia:

– Contudo, sua estadia nesses lugares sempre dependeu de uma sintonia que só você pôde imprimir. Pensando ou sentindo que estava em um inferno, para lá se projetou. É uma questão de ser. Uma consciência culpada reflete uma predisposição que pode imantar a criatura às regiões onde se conglomeram mentes idênticas. Já uma consciência liberta, eleva-nos aos altiplanos de felicidade e de bonança. Se julgar que aqui é um bom lugar, o que dirá quando estiver nas regiões superiores, as quais são despidas do sofrimento e do amargor, tão peculiares da Terra?

– Que beleza! – externei meu contentamento, sentindo-me em êxtase diante de tal perspectiva. – Então o éden existe em cada um de nós?

– Exato! Porém, não é à custa de simples compreensão que o atingimos. É preciso "malhar", como se diz na linguagem terrena, para conquistar tal depuração. Somente o fazemos quando submetidos às provas e à escola reencarnatória. Existem alguns espíritos que estacionam aqui mesmo, desencarnados, fundeados por séculos a fio à mercê da própria inferioridade, submetendo-se aos mais vexatórios estados de degradação espiritual. Mas, algum dia, reconhecerão seus erros e, cansados, procurarão a libertação.

– Assim como eu o fiz? – interpelei.

– Isso mesmo!

– Sabe me explicar por que eu, mesmo atravessando aquele vale de infernais, pude ser socorrido e, digamos, com certa facilidade, estar compreendendo as lições que me são passadas?

Rebuscando ideias, Antônio, por fim, satisfez minha expectativa:

– Primeiro, permita-me retificar a sua posição quanto aos habitantes dos vales. "Infernais" é uma palavra inadequada. Mais propriamente, seriam "ignorantes morais". Os seres tornam-se infernais, como você disse, por completa ignorância, orgulho ou vaidade; por julgarem-se superiores ou até mesmo superlativos em relação a Deus, que nos criou. Sublevam-se a ponto de querer conduzir os destinos da massa de espíritos que se arvoram em torno do planeta. Como exemplo, a História nos tem revelado inúmeros líderes que tomaram o poder no mundo, a fim de conduzi-lo ao desregramento, à guerra e a toda sorte de misérias, como o tempo nos tem contado.

– Será que fizemos parte disso? – Inquiri.

– Pode estar certo quanto a isso! Senão diretamente, como comparsas, indiretamente, como auxiliares ou subalternos dessas mentes doentias. E, mesmo que não o tenhamos feito, contribuímos de alguma maneira para os desastres sociais coletivos, colhendo hoje os reflexos de nossos atos. Isso explica por que assistimos e até nos inconformamos com os desníveis sociais, a miséria, o desemprego, o caos político, os regimes ditatoriais, os grandes cartéis, a opressão trabalhista e outros fenômenos corrosivos que regem o comportamento humano. Pena que ainda não aprendemos a nos unir, sem violência ou instigação gravosa, para combatermos, pelo exemplo, situações que nos parecem adversas.

– Você acha mesmo que podemos mudar o mundo dessa forma, Antônio?

– E o que dizer de Moisés, Buda, Jesus, Francisco de Assis, Gandhi e tantos outros, Ruggeri? Não mudaram o mundo por meio do exemplo? Por que não podemos fazer o mesmo? Já tivemos inúmeras oportunidades de contribuir para a melhoria do globo. Ensimesmados, pusemos tudo a perder. Nossa egolatria exagerada nos fez perder terreno diante da nossa própria insensatez.

– Como você é belo, Antônio – expus. – Em nossos círculos de universidade, você daria um ótimo líder. Fala como se tivesse intendência dos mecanismos sociais de renovação em massa.

– Qual nada! Não sou ninguém. Após reconhecer meus erros, tive de recomeçar do zero. Como eu disse, "tivemos oportunidades"...

Antônio convidou-me para um banho de cachoeira. Sob o efeito tonificante e revigorante das cascatas que atingiram meu ser, apesar das explicações de Antônio, pude avaliar, em silêncio, minhas sensações.

Estava no meio de gente bonita, principalmente homens, jovens e vigorosos, porém, não sentia propensão à sensualidade. Curioso quanto ao fato, resolvi perguntar a Antônio, que não se acanhou em revelar coisas impressionantes a respeito dele:

– Quando em outras vidas, sob o regime de monastério, a clausura fez-me despertar para os companheiros do mesmo sexo. Latejava em meu íntimo a sede da sensualidade. Como tudo era proibido, penitenciava-me, julgando que o Diabo se apoderara do meu ser. Supliciava-me, constantemente, sob o guante doloroso do chicote com argolas. Tão grande foi a minha dor íntima, sob o peso da culpa, que extirpei o que julgava ser o mal. Decepei meu próprio sexo. Isso me custou dores atrozes e a clausura, em dias de isolamento do resto dos monges. Como se isso não bastasse, a sede de sexo não havia cessado. Enlouquecido, supliquei ao prior que me exorcizasse o demônio. Não vendo outra solução e para que eu não contagiasse os demais, ele não vislumbrou outra alternativa senão me mandar às fogueiras inquisitoriais.

A essa altura da narrativa, que parecia uma cena viva na minha mente, eu me arrepiava. Ele continuou:

– Padeci por quase dois séculos nas trevas, atado a correntes de espíritos sexólatras, agonizando e sendo submetido a todo tipo de tortura, sem contar o assédio de verdadeiros vampiros sexuais. Esse foi o resultado de meu desvio. Após muito penar, um dia, cansado de tanto sofrer, busquei na prece a solução para os meus desatinos, encontrando o amparo de meus guias, que me resgataram daquele angustioso pesar. Aos poucos, refazendo-me lentamente, consegui descobrir que minha propensão sexual foi estimulada por credoras do passado distante que, não conseguindo me perdoar os deslizes, por tê-las compungido ao sexo desregrado e à falência moral, por esse mesmo motivo, assediaram-me por séculos de perseguições, sendo a clausura monástica um recurso ineficaz de fuga.

– Nossa, se escrito fosse, isso daria um livro, Antônio! E como conseguiu escapar dessa perseguição? Pelo que vejo, nem a morte conseguiu livrá-lo.

– A morte não põe termo ao ódio semeado, quando não existe o perdão recíproco, Ruggeri. A culpa me trouxe a razão, o que é muito raro. Reconhecendo o erro pelas infrações contra os espíritos que estagiam em corpos do sexo feminino, pedi a Deus oportunidades de reparação. Nos dois séculos seguintes, pude receber as almas que eu desviara no campo sexual como filhas, prestando-lhes amor e dedicação, ao lado de uma mesma companheira que, por inúmeras vezes, compartilhou as dificuldades nas romagens terrenas.

– Quem é ela? Conheço?

– Sim. É Luzia...

– Caramba! A anestesiologista? Meu Deus! Que história! Será que a minha trajetória foi assim? Não consigo me lembrar de nada. Parece-me que todos vocês sabem de si e dos outros. Leem as mentes...

Notei que Antônio ficou um pouco retraído, mas não se furtou a continuar me explicando:

– Ler a mente é uma conquista, meu caro. Tudo aqui se conquista. Todavia, devemos também respeitar a individualidade e a privacidade de cada um. Mesmo podendo ler os pensamentos, não nos é permitido devassar o íntimo de cada ser, escancarando suas portas. Também temos nossas limitações.

– Entendo. Gostaria de poder descobrir certas coisas. De vez em quando, sonho com imagens, cenas que talvez possam pertencer a um passado distante.

– Isso faz parte da nossa vida, Ruggeri. É algo intrínseco. Está em nós, enquanto seres eternizados que somos. Porém, não force a situação. Deixe que isso aconteça naturalmente. Cabe a Deus a permissão de descortinarmos o véu do pretérito.

– Antônio, você ainda não me explicou por que não sinto propensão ao devaneio perante os representantes do mesmo sexo. Fui meio desregrado nesse aspecto.

– Cada caso é diferente, Ruggeri. Cada ser é um universo e nenhuma situação é igual à outra. Sua situação pode não ser a mesma que a minha. Não posso lhe responder quanto a isso. Contudo, posso adiantar que, se procuramos lugares ou pessoas viciadas, irmanadas, nos tornamos usinas de energias desconcertantes que vão tomando forma, cor, gosto e nos causando escravidão; lógico, quando as desviamos para finalidades nada elevadas, como é o caso da sensualidade desmedida. Pelo que sei, você procurou, em vida terrena, lugares lúgubres, visitados por encarnados e, via de consequência, desencarnados com as mesmas aspirações. O que poderia esperar de uma sintonia desse tipo? Aqui, estando afastado do corpo, já viciado em venenos orgânicos, inorgânicos e fluídicos, provenientes da vontade também viciada, não se poderia esperar resultado diverso do que ser arrastado por torrentes de viciações tão peculiares e de maior força, em um planeta de provas e expiações como é a Terra. Fiz-me compreender?

– Sim, entendi. Gostaria de identificar a sede dos meus desequilíbrios.

– Luiz Sérgio contou-me que você teve regressões de memória, "espontaneamente".

– *Non é vero!* – rimos juntos.

– Saibamos esperar. Nem tudo está ao nosso alcance. Tentando desvendar certos mistérios, talvez apressemos um iminente desequilíbrio. Bem, por enquanto, gostaria de convidá-lo ao agradecimento.

– Ah, como sou ingrato e descuidado. Claro! Muito obrigado.

– Você não entendeu, Ruggeri. Não é a mim que deve agradecer, mas ao Supremo provedor de todas as nossas necessidades.

"Deus!" – Pensei tão forte que Antônio me ouviu o latejo mental.

– Eu te amo, Ruggeri.

Porém, sem mais demora, ele terminou nosso encontro com uma prece, despida de formalidades ou genuflexões, dizendo:

– *Deus, nos ilumine e nos faça sentir nas fibras mais íntimas que o amor não tem preconceitos. Oh! Pai amantíssimo, nos ampare e nos fortaleça o ânimo, abrindo-nos a consciência, a fim de discernirmos que o verdadeiro amor é descartado das necessidades sexuais e que cabe a nós, enquanto seres eternos, buscarmos a sublimação, nos tornando altruístas e fraternos. Somente nos conscientizando disso efetivaremos em nós a Vossa morada. Quão limitados nossos universos interiores! Mas, algum dia, nos harmonizaremos com a Vossa grandeza e plenitude, culminando na verdadeira felicidade... A tão sonhada paz. Obrigado, Senhor! Muito obrigado!*

Abandonamos o sítio de paz, deixando para trás a cachoeirinha de água "benta" e seu agradável som primaveril. Por dentro, estava me tornando um outro ser que, aos poucos, descortinava aquilo que passara séculos procurando: o amor.

Só dói quando queremos sentir dor, entendem? Recentemente, quando regredi mentalmente no tempo, sempre estava acompanhado por alguém. Não façam isso sozinhos! Para mim foi necessário, porque eu busquei a dor. Queria saber algo do passado, mesmo que inconscientemente. Senti bastante, mas entendi o porquê das dúvidas, a causa da minha indecisão, o motivo do meu sofrimento. Aqui tenho aprendido: Aquilo que mais tememos nos outros é o que mais encontramos como provas e expiações. Só dói quando queremos!

R. R.

8

A DOR MAIOR: NÃO SABER SENTI-LA!

Nas primeiras horas da manhã de um belo dia de sol, saímos eu e Antônio em direção a outra localidade, ainda que dentro dos limites da estância que, segundo meu acompanhante, era como se fosse uma grande bolha energética em meio ao denso mar das energias mentais e emocionais revoltas.

Logo chegamos a um lugar chamado "Paraíso da Recuperação", um belíssimo campo florido e arborizado onde muitos seres, deitados sob a relva, recebiam transfusões de energias da natureza, fornecidas pelo sol, pelo ar, pela água e, como não poderia deixar de ser, pelos vegetais.

Instrumentistas tocavam músicas que atingiam profundamente a alma. De tão belas, me emocionei, chegando a segurar o peito fortemente, quando envolvido pelas árias tão divinamente executadas.

Mãos hábeis enterneciam a todos os presentes, enquanto médicos, enfermeiros e auxiliares abnegados exerciam o controle da situação de cada paciente. Chorei tão intensamente que me vi obrigado a sentar no chão.

– Não se aflija, Ruggeri... – esclareceu-me Antônio. – O que sente é muito natural nessas plagas. Aqui são trazidos aqueles que perderam a consciência, desarmonizados com o macrocosmo que a tudo rege. São criaturas que se arvoraram destruidores de si. Perdendo todas as esperanças em suas vidas, suicidaram-se vorazmente, entregando-se a toda sorte de vícios.

– Talvez seja por isso que estou me sentindo tão estranho. Não posso deixar de verificar que fui um deles. Aliás, ainda sou, Antônio.

– Saiba, o que mais degrada o microcosmo dos nossos irmãos aqui presentes é a perda da autoestima, a ausência do perdão incondicional, inclusive, de si mesmo.

– E a relação que tem o perdão com tudo isso?

– Tudo! Venha comigo, Ruggeri. Tentarei explicar melhor.

Andamos por entre inúmeros seres acamados. Alguns estavam em estado deplorável. Outros, sequer tinham a forma humana, mais pareciam geleias de brinquedo.

– Veja o nosso querido Américo – convocou-me Antônio. – Na vida terrena, homem saudável, família rica e tradicional, sensibilidade aflorada. Dedicava-se aos estudos, à arte (pintava quadros), bem como à música. Preferiu esta última, para enveredar-se no expressionismo do seu ser. Contudo, era infeliz. E por quê? Achava que o que procurava estava fora de si, no seu exterior. Buscou isso por uma grande parte da sua vida. Tudo o que fazia lhe rendia o necessário para sobreviver. A família o ajudava, mas era independente. Com o tempo, imaginando que sua felicidade estava nos prazeres mundanos, porfiou os caminhos escusos do álcool, das drogas e do sexo desregrado. Foram trinta anos nesse tipo de conduta. Gastou todas as suas reservas de energia vital transformando-se no que vemos agora. Resultado: não achou a tal felicidade. Agora, terá de lutar por ela de outra maneira, caminhando dolorosamente por experiências mais longas, em séculos de reencarnações obrigatórias e reparadoras.

– Que reservas são essas das quais fala, Antônio?

– Todos, sem exceção, ao reencarnarmos, ou seja, retornarmos aos corpos físicos, só o podemos graças a um outro corpo, espécie de roupagem meio material, a que chamamos de perispírito,[10] o qual é modelado segundo nossa vontade, quando mais evoluídos ou segundo os desígnios das leis de causa e efeito, que contabilizam automaticamente nossas vir-

10 Perispírito - laço ou perispirito, que une o corpo e o Espírito, é uma espécie de envoltório semi material. A morte é a destruição do envoltório mais grosseiro, o corpo. O Espírito conserva o segundo, que constitui para ele um corpo etéreo, invisível para nós no estado normal, mas que pode se tornar ocasionalmente visível e mesmo tangível, como sucede nas aparições.

tudes, vícios e defeitos, assim como também nosso proceder nas diversas incursões terrenas. Esse molde, estruturado de acordo com as necessidades de cada um, é dotado por cientistas siderais, de uma cota energética a que os hindus antigos já conheciam por *prana*. Quando reencarnados, nossos atos, pensamentos e palavras vão remodelando ou degradando esse corpo semimaterial e, consequentemente, vamos refazendo ou esgotando a nossa cota de energia vital. Quem se atira aos vícios de qualquer ordem, por exemplo, solapa o perispírito de tal maneira que, desgastado, se transforma no que vemos à nossa frente.

– Meu Deus! E por que não sabemos disso?

– Tudo vem a seu tempo. Tais ensinamentos, se fossem ministrados séculos atrás, resultariam em perseguições por motivos religiosos. Heresias. Note que, ainda hoje, há quem não acredite que o homem conseguiu pisar no solo lunar, apesar de toda a evolução científica.

– Entendo. Agora entendo... Mas por que não tenho o meu perispírito desgastado como o desse moço? Afinal, também fui um imprudente.

– Tudo é relativo à soma dos fatores que presidem a vida individual. A contabilidade divina funciona tal qual um mecanismo automático, inerente aos seres, onde as transmutações se processam de maneira justa, ou seja, de maneira que ninguém será punido por Deus, mas por si mesmo. Cada ato, cada mentalização, cada palavra emitida traz um resultado, bom ou mal, positivo ou negativo, construtivo ou destruidor, que nos impulsionará para os páramos celestiais ou nos arrastará aos suplícios da culpa. O seu caso é bem diferente. Pode até parecer que tenha nuances idênticas, mas é diferente do Américo.

Contemplei, penalizado, a forma da criatura. Não sabia que poderíamos nos degradar a tal ponto. Subitamente, chega próximo de nós Luiz Sérgio, com sua alegria esfuziante, nos saudando:

– *Buongiorno!*

– Bom dia, brincalhão. Estava com saudades – disse-lhe com efusividade. Ele nos abraçou e perguntou:

– Que bom que estão aqui. O que fazem?

– Trouxe Ruggeri para conhecer um pouco mais a *Estação dos Jasmins* – esclareceu Antônio.

– Cara, estou pasmo! – expressei-me, embasbacado.

– Isso ainda não é tudo, Ruggeri. Dá para perceber como você era feliz e não sabia?

Gesticulei positivamente para ele, com os olhos marejados.

– Gostaria de dar um passeio? – perguntou-me Luiz.

Concordei.

– Ruggeri, como o seu processo de aprendizado e adaptação está sendo promissor, recebi permissão para ir contigo a um lugar que, certamente, será de muita importância. Deseja ir?

– Se for para o meu equilíbrio, sim.

Luiz Sérgio abraçou-me e pediu para eu fechar os olhos e pensar em algo que mais me agradasse e me fizesse sentir bem. Algo que me revelasse felicidade.

Pensei no meu filho. Em poucos instantes, não senti mais o chão que pisávamos. Luiz Sérgio disse-me para ter coragem e não abrir os olhos por alguns momentos, no que obedeci prontamente. Para minha surpresa, estávamos em um lugar tão calmo quanto o que havíamos deixado para trás. A sensação era de que havíamos pousado.

– Que legal, cara! Voamos? Você tem asas? Onde estamos?

– Não tenho asas, mas tenho uma força interior que me permite, como espírito eterno, temporariamente, alçar voos pelo espaço cósmico. A isso chamamos *volitação*.

– Coisa de hindu? Legal!

– Não! Coisa do espírito. Você também será capaz disso. É questão de treino e mente firme. Perguntou-me onde estamos. Decerto não reconheceria de pronto. Pediu aos seus parentes, antes de desencarnar, que espalhassem suas cinzas aqui.

– Cara... Não me diga... Eles cumpriram mesmo minha vontade?

– Sim.

Ajoelhei-me e toquei fortemente aquela grama. Berrei feito uma criança, em prantos. Luiz, imbatível, apenas me assistia. Olhava para ele, sentindo-me, ao mesmo tempo, pesaroso e feliz. Seus olhos brilhavam e percebi que ele deixou escorrer uma densa lágrima do seu olho esquerdo. Disse-me, então:

– Haja o que houver, eu amo você, cara!

Mal terminou a frase, senti tudo girar à minha volta, parecendo que o mundo desabara sobre mim. Vi-me participando de cenas, desta vez, empavonado em roupas típicas do século passado. Era homem. Por momentos, que não sei precisar, contemplei a trajetória do que me pareceu mais uma das minhas vidas pretéritas.

Militar, apaixonei-me por uma mulher. Era casada. O romance gerou polêmicas. Tive de deixar a farda. Amava-a. Mas ela... Não podia ser... ela seria ele? Aquele homem do passado a quem eu amei e por ele deixei a vida ao me suicidar? Meu Deus! Que loucura! Estava ficando louco. Só podia ser isso. Louco!

Diante das cenas, percebi que nossas vidas foram conturbadas. Recebi críticas e, inconformado, resolvi me vingar da sociedade medíocre e hipócrita. Escrevi romances. Em minha verve de indignado social, minha pena serviu-me de catarse.

"Vou lhes mostrar que o amor não tem barreiras. Podemos amar... amar e amar. E daí? Eu a amo. Nos amamos. O que têm com isso? Deixem-me em paz! Sou livre para amar. Reencontrei o amor." – esbravejei, nas reminiscências.

Caí doente. Problemas. Todos me abandonaram. Senti dores. O sangue! Vômito de sangue.

"Vou morrer... estou morrendo... cheguei ao fim da vida. Não! Estou perdendo você. Não!"

– Ruggeri! Tudo bem? – disse Luiz Sérgio, sentado ao meu lado, tocando meu ombro.

– Cara, que viagem! Não precisei nem das drogas para isso. Estou ficando louco? Diga-me, estou pirado de vez?

– Já devia saber que isso aconteceria vez ou outra. Foi avisado – confortou-me. – Precisa aprender a enfrentar isso com mais naturalidade, apesar de saber que é difícil. Quando trespassamos esse plano, imaginamos que tudo não é mais que um sonho. Comigo não foi diferente. Mas o que você tem vivenciado até agora é sua história pessoal, seus arquivos... Seus filmes. Você é ator e, tenha certeza, as drogas nunca foram nem nunca serão necessárias à liberdade dos espíritos de Deus. O que viu foi a mais pura realidade do que já passou. Em tempos idos, reencontrou o elo perdido, o amor de outrora, o espírito com quem se identificou, e isso não se deu somente uma vez. Que importam os corpos? Os espíritos eram e são os mesmos. Você e ele, ele e você. Vocês! Que lições você pode captar disso?

– Que o mais importante é o verdadeiro amor?

– Sim. Aprende depressa. E sabe por quê? Porque já trouxe essas noções de outras experiências. Por isso, a sensação de que já sabia isso. Porém, o orgulho, a vaidade e a vã pretensão de que é infalível, mesmo que venha a dizer o contrário, lhe tolheu a percepção de horizontes mais largos.

Atento, procurei não pensar muito e apenas ouvi-lo:

– Quantas e quantas vezes o teu guia, Donato, o aconselhou, orientou, inspirou e o direcionou ao encontro dessas verdades? Nessa encarnação que viveu há pouco, por mercê de Deus Nosso Pai maior, deixou o corpo carnal muito cedo. Teria mais 32 anos pela frente de cota vital. Despejou nele venenos terríveis, mentais ou físicos, destruindo o seu templo sagrado de aprendizado: o corpo. O reajustamento com o espírito a quem chama de "ele" não foi muito propício, muito embora precisassem se reencontrar naquela época. Não estavam, ainda, nivelados a ponto de conviver pacificamente um com o outro. Existia outro agravante. Quando de outros reencontros, os abusos sexuais impediram a convivência harmônica entre vocês. Juntos, como homens, embora se amando de longas datas, quiseram transgredir leis universais que regem a sexualidade dos encarnados, transmudando o que poderia ser um amor altruísta sem perversão degradada pela sensualidade.

– Começo a entendê-lo. Busquei amá-lo, mas não respeitei os limites das nossas condições de homens, quando tivemos oportunidade.

– Perfeitamente! Amar, na mais lídima acepção do termo, não implica infringir leis naturais. Homem e mulher são estados momentâneos, contingências que Deus, o justo Criador, ofertou-nos para a propagação da espécie e permuta salutar de energias. Homem e homem, mulher e mulher, podem, pois, se amar, contudo, respeitando os limites, as regras, a disciplina estatuída pelo eterno, para a felicidade mútua.

– Nada de nos licenciarmos sexualmente – tentei resumir seus argumentos.

– É. Disse bem. Desde tempos imemoriais, o homem arvora-se em senhor de si, relegando as leis divinas a planos de esquecimento. A física nos mostra que cada corpo ocupa um lugar no espaço. Demonstra-nos que tudo gira em torno de leis, como a da gravidade. A química demonstra que determinados sentimentos nos causam reações orgânicas, fusões ou emulações de hormônios. As leis espirituais nos revelam que os afins se atraem, sendo isso uma das formas do que podemos chamar de amor. Logo, podemos deduzir que os seres, enquanto espíritos, podem se atrair, gostar um do outro, se amar até, mas respeitando os limites do natural, caminhando pela retidão das fronteiras, que não é dado ao homem transpor, sob pena de recair em transgressões aos dispositivos naturais que estão aí, por todo o sempre.

– Agi errado?

– Me pergunta? Que acha de tudo o que falamos até agora?

Meditei um pouco. Luiz Sérgio levou-me aonde pedi que espalhassem as cinzas do meu corpo cremado. Ali se extinguira o fenômeno, o mito, a estrela chamada "R. R.". Foi uma ilusão. Acabou! Deparei, depois, com o resultado funesto daquilo que eu fora, apesar de sempre ter em mente que era autêntico, polemizador, irreverente e sem preconceitos.

Vivi, em parte, o que preguei, utilizando minha fama para influenciar multidões. Mas o que realmente eu havia deixado para as pessoas? Qual a verdadeira imagem que teriam de mim? Deixara algo de bom? E minha transgressão aos limites que Luiz Sérgio falou? Não teria causado uma reação antagônica, de efeitos devastadores na vida das pessoas? Pelo que vira, até então, o amor que eu tanto buscara, mais uma vez, se revelava um equilíbrio distante de mim. Aquele a quem procurei estaria em lugar incerto. Onde estaria o equilíbrio, então?

– Em você, meu querido! – disse Luiz Sérgio, quebrando meu raciocínio. – Somente em você! A resposta esteve sempre com você. Como seres falíveis e imperfeitos, ainda conduzimos o relacionamento interpessoal com uma liberdade revestida de aprisionamento. Tanto é verdade que dizemos a todo mundo: "Essa é minha mulher"; "esse é meu marido"; "aquela é minha namorada", "aquele é o meu namorado". Posse! Prisão! Grilhões! É isso a que relegamos nossos irmãos de jornada. Queremos impor, limitar, cativar, sufocar. Eis o amor que conhecemos tão bem. Não o amor que liberta, que compreende, perdoa, supera, vivifica. Estamos em outra realidade. Quando eu disse que o amor estava em você, é porque somente você poderá liberar a quem procura da prisão do passado.

– Como assim? Agora me embananei...

– Tenho a impressão de que ainda vive aqueles momentos em que, achando-se ainda traída na pele de Juliet, por não ter o amor do homem a quem tanto queria, preferiu abandonar a vida, sem pensar nas consequências e no crime que cometia para com você. Fugiu! Mas, em outras oportunidades, procurou-o avidamente por reencarnações seguidas, só que em corpos de homens!

As explicações do amigo pareceram confusas, mas, aos poucos, foram aclarando.

– Isso foi uma fuga. Você jamais quis reencarnar como mulher outra vez, pois não queria sofrer novamente. Procurando-o, tencionava achá-lo em uma figura masculina. Não poderia imaginar, e é aí onde pesa a questão da nossa ignorância em relação às leis da eternidade, que, como espírito imortal, "ele" também poderia reencarnar na roupagem de uma mulher. Por essa razão, qualquer pessoa por quem sentiu afinidade, inconscientemente, despertou-lhe antigos questionamentos guardados no íntimo: "esse será ele?".

Olhando-me firmemente, Luiz Sérgio, prosseguiu:

– Sensível, você se doou, sem precedentes, às companhias masculinas e, poucas vezes, às femininas. Quando descobria, porém, que o parceiro ou a parceira não era "ele", sobrevinha a depressão, o vazio e, por fim, a morte. Assim aconteceu por vidas a fio. Você foi um homem, ou melhor, habitou um corpo masculino. Por graça do Criador, recebeu novamente "ele". Tanto é que, assim que ao vê-lo, sentiu que o conhecia. "É um menino lindo", você pensava. No íntimo sabia: "Ele voltou para mim."

– Meu filho... Era ele?

– Sim, Ruggeri. Teve seu filho de volta nos seus braços, para criá-lo, amá-lo, ampará-lo como forma de resgate, perdão mútuo, pois, em outras eras, também intentou contra "ele", ferindo-o moral ou fisicamente. Pela sabedoria da justiça celeste, como pai e filho, deveriam reaprender a respeitar os limites de que falamos até agora e você, se tivesse aproveitado a lição de reajuste, arrebentaria de vez os grilhões que sua psicopatia imprimiu, por séculos, no seu subconsciente.

As lágrimas fluíam, como cascatas de emotividade. O discurso de Luiz Sérgio foi contundente e apropriado ao meu esclarecimento, fazendo-me, enfim, enxergar os erros que cometera. À medida que Luiz falava, eu via os quadros mentais das minhas ignomínias para com aquele espírito a quem chamara de "ele", quem eu tive a honra de receber como meu filho, desta vez, sem tolher-lhe a vida e o destino, reeducando-o nos sentimentos para com o próximo, independente da forma física.

Luiz Sérgio abraçou-me e choramos juntos. Senti a fraternidade percorrer profundamente o meu ser, depositando em meu coração, sofrido pela própria inconsequência, a semente da esperança no amanhã.

Não nascemos para semente... Tal é o adágio! É verdade! Entre morrer e nascer, não há mistério nisso. A cada segundo, nasce ou morre alguém no mundo. Porém, ter noção de que, levamos como bagagem apenas aquilo que conquistamos no exercício do bem (ou do mal) e o que sentimos por dentro em relação a isso, é o que faz a diferença para Deus.

R. R.

9

RENASCIDO DAS CINZAS

Sentados sobre a relva umedecida pelo orvalho da noite anterior, ficamos em diálogo por horas, então, resolvi perguntar ao prestimoso amigo:

– Luiz, estou sem entender ainda por que me trouxe aqui. Qual a intenção de semelhante viagem?

– Uma lembrancinha em nada mudaria seu íntimo se ela não atingisse em cheio seu âmago de espírito eterno – ele prontamente respondeu. – O que acabou de ver é o resultado do que você foi, em algum lugar no passado. Agora, sentado aqui, consegue detectar algo de você nestes campos?

Olhei à minha volta. Tentei refletir sobre o que o companheiro havia me dito, mas não consegui ver nada de mim ali.

– É óbvio, Ruggeri! O que você foi não está mais aqui. Cinzas, partículas de poeira do que foi o seu corpo já foram reaproveitadas pela mãe terra. Tudo se transforma na natureza, nada se perde. É uma filosofia, bem sei. Contudo, a melhor filosofia é aquela que podemos compreender e exercitar na prática. Como não cabe filosofar, eis que é chegado o momento de praticar; buscar o entendimento pelo exercício da filosofia que está aí disposta, desde muitos séculos. O que você sente é o vazio do que deixou para trás. Não há nada mais do que foi Ruggeri senão o legado que essa personagem deixou na mente e nos corações dos milhões de seres que o viram e ouviram. A base dos sofrimentos humanos está nisso, em não saber administrar o "ter" e o "ser". Queremos ser e ter ao mesmo tempo e isso gera uma enorme confusão em nosso íntimo, já tão conturbado. Veja, por exemplo, a frase: queria *ser* um cantor de *rock*. Eis o ser! Contudo, a consequência de tal proeza, se bem-sucedida, resultaria fama, riqueza, glória. Por outro lado, poderia significar a possibilidade de navegar sem rumo no mar da solidão acompanhada. Por mais que tivesse amigos, parentes e o laurel do sucesso, seu íntimo pedia algo mais como ser humano. Sendo um ícone, milhares de fãs depositaram em você suas aspirações e temores, em uma autêntica simbiose. Logo, sem querer, você foi o depositário de múltiplos anseios, somados aos seus, ainda não resolvidos. Entende o que quero dizer?

Gesticulei positivamente. Ele continuou:

– Não sendo o bastante, não estando em equilíbrio com seu passado de amarguras e de traumas, já que sofreu agruras em um corpo feminino algum dia, você firmou-se na decisão de nunca mais reencarnar como tal. Queria ser homem, muito embora, no íntimo, existisse ainda uma ferida não cicatrizada nesse terreno. Os séculos se passaram e você quis reencontrar o seu amor, perdido na noite dos tempos. A sua revolta trouxe desequilíbrios incontáveis. Mesmo assim, a sabedoria divina se valeu das suas aflições para extrair frutos incomparáveis. Já foi um importante escritor brasileiro, deixou obras fantásticas que buscavam quebrantar a rudeza dos corações humanos, e nisso podemos deslumbrar a grandeza de Deus. Até na adversidade, a beleza da vida consegue se sobressair. Em outras palavras, sem que soubesse, foi um agente do Criador, a frutificar pães da vida.

– Quem fui então?

– Isso não importa, Ruggeri! Algum dia, se necessário, você lembrará. Quem somos nós, quem deixamos de ser, quais nossas posições, o que fizemos de bom ou de ruim... Isso realmente não importa. O que vale sabermos se fomos reis que mandaram decepar as cabeças de muitos? Decerto, de vez em quando, Deus nos permite saber disso, mas para tirarmos lições.

Em tão pouco tempo, em rasgos de memória, havia encontrado as chaves de alguns de meus problemas. Luiz prosseguiu:

– Você obteve algumas respostas, encontrando a sede dos desequilíbrios atuais, baseada na estadia desastrada como ente feminino. Já sabe que foi um famoso escritor; que suas obras ainda hoje têm influência no seio das sociedades e, por fim, vê agora que não é mais um astro do *rock* e que, para reencontrar a felicidade, deverá transformar o passado e continuar, doravante, em uma nova senda de trabalho, suplicando ao Pai Maior para resgatar possíveis erros e desenganos que, por desventura, disseminou.

– Fiz algo de errado enquanto astro do *rock*? Pensei que havia feito um bem para a sociedade e para a minha geração.

– Sem dúvida, meu caro! Fez muito bem. Desde os anos 1960, com o movimento dos Beatles, instalou-se uma revolução mundial em torno da reforma do mundo, coroada, não pela realeza, mas por súditos simples que se transformaram em reis. Daí, quantos e quantos não surgiram em nome desse estigma, dessa ideia? Todavia, existe o lado obscuro do ser humano. Alguns vêm com a sublime missão de suportar nas costas os erros e os desacertos dos homens. Não raro, falham! E por quê? Porque é difícil suportar a carga emocional oriunda de milhões de seres destrambelhados. O artista, principalmente o músico, tem uma insofismável tarefa de ser um condutor de rebanhos e de tribos. Por isso, surgiram tantos e tantos "pastores". Suas condutas, modo de vestir, trejeitos e até suas ideologias transformaram o comportamento dos súditos. Há um detalhe que precisa ser mencionado. Como na essência o ser humano ainda é atrasado moralmente, de maneira lógica, apega-se mais ao lado pernicioso, ao que é degradante, ao que lhe destrói.

Comecei a gostar daquele papo. Afinal, música era um prato cheio para mim; assunto que eu muito apreciava e, de certa forma, dominava. Deixei que Luiz formasse seu raciocínio, sem interrompê-lo:

– Seguindo o exemplo dos Beatles, surgiram as metamorfoses sociais, a quebra de costumes arcaicos e o rebentar de preconceitos mendazes. Mas vieram também os exemplos dos vícios, a introdução das drogas no seio da música, em que, para obter o "nirvana" na arte de compor, era preciso recorrer ao uso de tóxicos e de álcool. Com os Rolling Stones, veio o lema: "*Sex, drugs and rock and roll*". O que mais poderíamos esperar de uma imensidão de jovens, mal saídos da adolescência de uma época conturbada, verem seus ídolos proclamar que o certo era isso: sexo desregrado e ilimitado, morfinas, LSD e *rock* na cabeça? O que se poderia esperar, diga-me?

Emudecido fiquei. Luiz Sérgio estava com a razão. Tive minha cota de responsabilidade nesse processo. Chorava, enquanto falava. Sentia-me como um menino sendo repreendido pelo pai.

– E, como se não bastasse – disse ele —, como uma onda, outros jovens se enfurnaram em suas garagens, compondo, tocando e se drogando para imitar os ídolos, pois acreditavam poder revolucionar o mundo como seus ícones. Hoje, aqueles que iniciaram os movimentos estão envelhecidos. Muitos deles já não usam drogas. Outros até mesmo nem mais ouvem *rock and roll*, saturados. Se olhassem para trás, veriam o rastro de desolação que deixaram pelo caminho. Assim como existem ditadores, maus governantes, políticos desonestos, temos, de forma idêntica, músicos inconscientes desconhecendo que são verdadeiras antenas ligadas com o eterno, que capta não só sinais dos bons pensamentos e filosofias produtivas, mas ideias ou torrentes viciadas que estão em volta do planeta, figurando como uma imensa nuvem de desvarios. Não podemos nos esquecer de que, enquanto existem aqueles que lutam pelo equilíbrio da imensa massa humana, há os que dela sobrevivem e mantêm suas posições de mando às custas da ignorância daqueles que lhes nutrem o poder temporário.

– Acho que fiz muito mal...

– Não é bem assim... Como artista, elemento mais sensível, você tinha uma missão, tracejada ainda no plano espiritual, antes de reencarnar. Sua tarefa consistia em fazer com que a juventude preservasse a sua integridade moral diante das tempestades que assolariam a nossa nação. Falo das tempestades morais, pois o que resta em nosso país é a estrita falta de ética. O jovem unido, consciente e esclarecido, dificilmente seria derrotado. Esse era o espírito de sua missão. As letras iniciais da sua carreira foram marcos indeléveis. A Espiritualidade aproveitou-se para destilar luzes de ensinamentos através de você, ainda que revestidas em tons de irreverência e juventude. Daí vieram as drogas, a bebida, o fumo e a homossexualidade.

– Você acha que fiz errado em me assumir publicamente? Não vi erro nisso.

– Não me entenda mal e não me tenha como juiz. Estamos dialogando apenas. Ser ou não ser homossexual não foi a questão. O problema residiu em atirar-se à perversão do que é natural. O movimento pela liberdade exige, de forma idêntica, a disciplina moral de que o ser humano está longe de adquirir. Amar ou não amar alguém, seja como homem ou mulher, não estabelece limites. Esses limites devem estar na mente de cada um. São séculos de machismo e dominação do homem sobre a mulher. Nem a mulher soube libertar-se ainda, quanto mais os espíritos essencialmente femininos em corpos de mulher e vice-versa.

– Agora complicou. Espíritos essencialmente femininos? – assustei-me.

– O seu caso, por exemplo. Você tem uma essência feminina há muitos séculos. Mas, por sofrer pela incúria de um espírito ingresso no corpo de um homem, em uma determinada época da sua história, resolveu não mais adotar corpos femininos, por ter sofrido o massacre da masculinidade. Quer dizer, você foi de encontro ao muro de um preconceito criado por você mesmo e que lhe moldou reencarnações de desequilíbrios. Mesmo assim, continuou à procura do amor perdido, em corpos masculinos. Muitos, por problemas de traumas, perversões, dificuldades de relacionamentos, obsessões e outros fatores psicológicos, debatem-se em dores atrozes, por não se conformarem com seus estados atuais de aprendizado. Ou seja, quem desrespeitou os limites para com o sexo oposto, agora encontra e passa a nutrir sentimentos por espíritos afins, numa certa atração, ainda que esses estejam residindo, temporariamente, em templos do mesmo sexo. Mas isso não é o geral. Estamos falando do seu caso, em particular.

– Caramba! A coisa é mais complexa do que eu imaginava – frisei abismado.

– Enquanto encarnado, sendo homem, teve uma propensão às figuras femininas e depois às do mesmo sexo. Como não estava resolvido, o desejo aflorava de vez em quando, pois, no íntimo, queria encontrar o amor do passado. Aqui, ali, acolá... Não importava. Queria o amor!

– Começo a compreendê-lo – apartei-lhe o diálogo.

– Apesar dos esforços, Ruggeri, convido-o a observar melhor a bondade divina. Perceba que, habitando a casa que nos é oferecida, devemos usar e cuidar, mas não abusar. O que vemos daqui do plano espiritual é que muitos que se encontram em situações idênticas preferem se atirar à perversão sexual, confundindo o sexo com o amor. Liberdade não está nisso, está no sentimento verdadeiro. Para amarmos pessoas do mesmo sexo não precisamos ir de encontro com a natureza intrínseca. Por exemplo, eu o amo e nem por isso o desejo sexualmente. Jesus amava os apóstolos, mas nem por isso fez sexo com eles. Só o amor, o puro e inquebrantável amor, será o elo entre os seres. E não é pelo fato de adentrarmos bares ou lugares destinados somente a pessoas socialmente discriminadas que vamos conseguir mudar a cabeça do mundo, lavando as mentes do preconceito devastador, pois isso só nos retarda a caminhada, compreende?

– Sim. Perfeitamente! – concordei.

– Por Deus, não me veja como juiz, Ruggeri. Minha intenção é que entenda que o cerne da nossa conversa reside no respeito às leis naturais, sem abusos, sem excessos. A transformação do ser se dá quando ele consegue entender isso. Não podemos atingir a libertação dos nossos vícios sexuais simplesmente nos enclausurando em monastérios, ocultos por hábitos templários ou coisa que o valha. É preciso ir ao bom combate contra as nossas viciações, entregando-se em busca da nossa reforma moral e à prática da caridade, que nos tornará, com o tempo, seres mais seguros de si, por meio do amor que transforma. Não há como vencer o vício se não tivermos boa vontade nesse aspecto. Não há como atingir a plenitude e reencontrar o nosso verdadeiro amor, se o procuramos nos outros. Você tem muito amor, Ruggeri. Basta que aprenda a detectá-lo em si mesmo e distribuí-lo, desinteressadamente.

– E eu que pensei que fazia tudo certo. Agora sei por que fui parar naquele lugar.

– Lugar que cultivamos inconscientemente, quando imersos na roupagem carnal – lembrou-me oportunamente o instrutor. – Assim, quando partimos da Terra, nossos semelhantes nos caçam e nos aprisionam nos lugares que reverenciamos durante as nossas existências. Lembra-se das milhares de bolas escuras que viu no reino de Sodom?

– Sim. Como não lembrar?

– Aqueles eram encarnados que, ao cair da madrugada, diariamente, desprenderam-se dos corpos que repousavam, enquanto seus espíritos, donos de si, buscavam avidamente os *undergrounds* no plano espiritual. Falei bonito o inglês, professor?

Caímos em descontraída gargalhada, permitindo-me abraçá-lo sem preconceitos. Começava a sentir o que ele estava dizendo. O amor não se confundia com a sexualidade. Estava muito além disso. Luiz era alguém de quem nunca ouvira falar, na vida carnal que terminara, recentemente. Fui socorrido por pessoas que julgava não conhecer, mas que, independentemente de agradecimentos, cuidaram de mim sem exigir retorno. Residia aí a pureza que, até então, não conseguira aprender. Passei a sentir necessidade de me reformular para sair da estagnação espiritual.

– Luiz, gostaria de pedir um favor.

– Pode chutar que eu defendo, campeão!

– Por favor, não me abandone! Preciso de você!

– Precisa de Deus! Tem de descobri-lo dentro de ti. Deus é amor. É isso que você está em busca. Todos nós estamos. Mas não tema! Estamos juntos... Eu, você, milhares, bilhões. Somos uma imensa legião de interessados em promover a paz e a reconciliação dos espíritos multimilenares. Precisamos seguir adiante. Tenha a certeza de que eu não o deixarei jamais.

Assustei-me quando senti que não estávamos sós. Eram Donato e Amália. Esse, levantou-me e, em copioso pranto, choramos juntos. Amália e Luiz Sérgio faziam parte do coral de chorosos, mas o canto era de felicidade.

– *Figlio*, Deus o ilumine em sua nova jornada. Quanto tempo esperei, pacientemente, por este instante! Era preciso que você passasse por dolorosas experiências, sem as quais jamais saberia valorizar as oportunidades ofertadas pelo Excelso Pai.

– Serei eternamente grato a você, Donato, e aos amigos que encontrei – retribui-lhe, enquanto recebi um forte abraço de Amália. Senti sua ternura por mim. Falei-lhes, fitando-os nos olhos: – Pedi a Luiz que nunca me abandonasse, e creio que vocês também não me abandonarão.

– Tenha certeza disso, Ruggeri! – falou Amália. – Viemos do passado longínquo e, por imposições de nossas caminhadas pessoais na evolução do espírito, tivemos de nos separar temporariamente, por vezes. Mas Deus, bom Pai que a tudo provê, nos permitiu ao longo das eras estarmos sempre juntos, nos apoiando para que as montanhas não se fizessem íngremes demais. Conte com nossa amizade e amor.

Ia perguntar quem eram eles, mas dei conta de que o Luiz havia desaparecido.

– Onde está o falante?

– O dever o chamou, meu filho – explicou Donato, ressaltando em seguida. – Luiz é um trabalhador muito concentrado nas tarefas de auxílio aos jovens. É uma alma querida e valiosa na senda da disseminação da razão por meio do amor.

– Fico a pensar que relação de simpatia ele teria comigo.

Percebendo minha curiosidade característica, Donato e Amália convidaram-me a segui-los em mais um breve passeio. De mãos dadas, seguindo o mesmo processo que Luiz Sérgio utilizara horas antes, elevamo-nos do solo e, varando as nuvens, em curto espaço de tempo chegamos a uma espécie de cidadela incrustada em meio aos nimbos. Ao chegarmos, fomos recebidos por uma pessoa que já nos aguardava. Tive a sensação de já conhecê-la, também. Cumprimentamo-nos.

– Este é Pádua – esclareceu-me Amália –, o dirigente da Fonte da Sabedoria, este aprazível local de paz e conhecimento que hora aportamos.

– Seja bem-vindo, Ruggeri! – cumprimentou-me Pádua. – Faça desta casa o seu lar. Estaremos prontos para recebê-lo quantas vezes desejar e puder vir aqui.

Agradeci a hospitalidade. Pádua conduziu-me a um breve reconhecimento daquele sítio de alvura sublime, apesar das cores, mais assemelhadas a pinturas a óleo. Tudo era predominante branco como as nuvens. Os prédios baixos, os jardins, os caminhos e os bosques tinham suas cores específicas. Chegamos a um local simploriamente decorado, com poucos móveis e onde reinava absoluto silêncio. Somente o sibilar do vento por entre as janelas quebrantava a quietude do lugar.

Por fim, chegamos a uma imensa biblioteca. Milhões de títulos estavam ordenadamente dispostos em vastas prateleiras.

– Por isso que este lugar é conhecido como Fonte da Sabedoria? – sussurrei-lhe.

– Sim – respondeu-me Pádua. – Aqui estão colecionadas as mais valorosas obras do conhecimento humano, captadas em séculos de vivência e história.

Pedi-lhe permissão para apreciar o lugar, no que me deixaram à vontade. Passei a vista em inúmeros livros. Lindos de tão bem confeccionados. Detive minha visão em alguns livrinhos que me pareceram interessantes, pois brilhavam mais que os outros. Eram obras espíritas e espiritualistas, muitas das quais transcritas pelo médium Francisco Cândido Xavier – o conhecido Chico. Sorri de admiração. Eram inúmeros livros!

Continuando, para minha surpresa, encontrei livros de alguém que aprendera, em pouco tempo, a estimar e a respeitar. Uma pérola de criatura, com sensibilidade e carisma inigualáveis: Luiz Sérgio. Apressadamente, fui tirando um a um, enquanto Pádua esboçava um largo sorriso, tal como um pai que vê um filho desembrulhando um presente de natal. Olhei para eles, envolto em lágrimas.

– O cara é escritor! Ele é escritor! Ele não me disse nada... Quando eu o pegar...

Não havia me dado conta da minha natural efusividade, quando Donato, aproximando-se, disse calmamente:

– Também o foi, *figlio*.

Sentado no chão com os livros de Luiz espalhados à minha volta, inquiri:

– Posso voltar a ser? Creio que tenho muito a fazer... Tudo a reparar.

Olhando-me ternamente, meu guia finalmente aduziu:

– Seja feita a sua vontade, *figlio*. Deus o ilumine em seu novo anseio.

Minha ascendência espiritual com a Itália não tinha só um precedente consanguíneo. Lá, como pretor, há mais de 1.700 anos, escarneci e "baixei meu polegar" para muitos que acreditavam na vida eterna; aqueles denominados "cristãos". Que eles me perdoem! Não sabia o que fazia. Hoje, faço parte da vida maior, convidando-os a reaprenderem comigo o que Ele, Jesus, não conseguiu fazer que entendêssemos. Está mais claro, gente!

"O arco-íris tem várias cores...
E já fui um juiz supremo."

R. R.

10

DE VOLTA AO IMPÉRIO

Luiz estava na crosta terrena a serviço e por essa razão passei algum tempo sem vê-lo. Imensa foi a saudade, pois, em tão pouco tempo, aprendi a querer bem àquelas pessoas que me rodeavam. Procurei saber mais sobre o seu trabalho. Donato esclareceu-me que suas obras tinham o cunho de alertar os pais e os jovens acerca dos perigos incontestes dos vícios, concitando-os à compreensão e ao amor. Parecia engraçado, mas, em parte, essa também foi minha preocupação quando em vida terrena.

Prezava minha família e sua união, pois ela era meu repositório de chegada, meu porto seguro, minha proteção. Não compreendia por que as pessoas se odiavam, se matavam ou se desentendiam, muito embora não fosse capaz de gerir muito bem os meus sentimentos e relações. Conheci após a "morte" do corpo uma outra família, encontrando em Donato e Amália verdadeiros pais, pilastras do meu reequilíbrio, permitindo-me trabalhar com eles junto a enfermos, que retornavam ao plano maior da vida: o mundo espiritual, o qual estava aprendendo a desvendar.

Em uma ocasião, estávamos prestando socorro a um jovem recém-desencarnado pelo vício do crack. Meu Deus, quanto sofrimento! Enquanto eles o atendiam, eu procurava, de alguma maneira, ser útil, já que não entendia nada sobre a transfusão energética, a que chamavam simploriamente de passe. Estando ali, meu ser era assaltado pelas saudades dos parentes que deixara para trás. Nosso vínculo não se perdera, e o sentimento incontido de revê-los resolveu fluir naquele instante. Tencionei procurar meus orientadores para lhes perguntar quando poderia fazer uma visita aos meus parentes consanguíneos, mas acabrunhei-me por não ser o momento adequado.

Donato, então, chamou-me e mostrou o rapaz estendido na maca, colocou a mão na minha testa, fez com que eu segurasse a fronte do moço e pediu que eu o fitasse nos olhos.

Fiz o que ele pediu e, como em um toque de Midas, ingressei, mesmo sem intenção, na sua casa mental, povoada de desconcertantes imagens da sua existência recente, recheada de drogas, sexo, bebidas e bordéis; tudo o que cultivava em seus pensamentos, regados a música. Percebi muitos CDs, a maioria de grupos metaleiros que faziam apologia ao satanismo e à autodestruição. Mas qual não foi meu espanto quando notei, dentre eles, alguns da banda que tínhamos na Terra. Ele se drogava ouvindo nossos trabalhos. Retornei à minha realidade, automaticamente.

– Donato, ele se droga ouvindo minhas músicas! Sou culpado por ele...

– Não se turbe, filho! Não pode carregar a cruz. Cada ser é um universo isolado, com um imenso poder de decisão. Cair no mundo do vício é opção individual. Quanto a isso, você não pode se culpar.

– Mas eu fui exemplo para ele... Para gerações...

– É a inevitável consequência de sermos famosos. Os *superstars* são vigiados constantemente. Mesmo que passem mensagens de cunho elevado em suas letras, alguns fãs e ouvintes preferem se apegar ao exterior, porque o balanço da música lhes provoca alguma sensação de extravasamento. Valorizam mais o comportamento individual e tão humano do artista, mais do que a própria mensagem. Quando em uma guerra, um oficial comanda o seu pelotão, visando a tomada de um ponto estratégico, durante ou após, ele não é responsável pelo comportamento individual e desumano de alguns comandados. No furor da batalha, cada ser tem peculiaridades a ele inerentes. Portanto, um líder não pode arcar com os excessos praticados por seus subalternos, respondendo tão somente pelo conjunto de atos que provenham do seu comando. Na vida é a mesma coisa. Não deve se culpar pela infeliz opção deste jovem ou de muitos. Foram eles que resolveram se propender ao declínio. Sua intenção, Ruggeri, foi a de ajudar, de cativar e de fazer que a juventude soerguesse o ânimo para o bom combate moral, que viria assolar o país. Infelizmente, o seu comportamento pessoal influenciou muito mais do que a sua mensagem. Isso fez que alguns seguissem passos escusos, porque já detinham tendências. Nisso temos que acrescer o assédio das forças negativas dos espíritos que também se assemelham a eles. Lembra-se de Sodom?

Àquela altura das narrativas de Donato, apesar do ensinamento que me prestava, eu já estava perdido, envolvido em um furacão de lembranças, talvez de um passado distante. Regredi no tempo novamente, desta vez, na Europa dos anos 1940, Itália, Segunda Guerra Mundial.

Vi-me andando de bicicleta por arborizadas estradas, parcialmente recheadas com a alvinitente cobertura da neve. Chegava a um estábulo e lá me aguardava um moço muito bonito. Tomazzo era o seu nome.

– *Buongiorno*, Tomazzo! – gritei, acenando.

– *Buongiorno*, Carmoni Ruggeri. Como está?

– Preocupado. Essa maldita guerra...! Os fascistas estão em nossas terras. Como gafanhotos vorazes, destroem o que encontram e matam quem oferece resistência.

– Estamos planejando fugir para os Alpes. Lá temos parentes e a guerra ainda não chegou por aquelas bandas.

– Meu pai está engajado na resistência. Vermes alemães! Tão logo possa, vou filiar-me às armas e combatê-los!

– Carmoni, lembra-se do que me prometeu?

– Do quê?

– No colégio... Quando você pensava em se suicidar, lembra?

– É. Você foi o único amigo que tive. Todos me escorraçavam. Só você me ouviu e me deu atenção quando mais precisei.

– Então! Procure se acalmar. Não deixe que a insanidade dessa guerra maluca o domine.

– Prometi a meu pai que combateria a seu lado...

– Deixe os mortos enterrarem seus mortos, Carmoni. O Evangelho... Jesus. O catecismo.

– Jesus... Por que será que Deus não põe fim a essa guerra?

– Não sei, mas acho que quem faz a guerra são os homens. Deus tenta dissuadi-los dessas funestas intenções – disse Tomazzo.

– Vamos mudar de assunto! Venha até aqui, quero mostrar algo que comprei para você.

Mostrei-lhe um violão, que havia comprado com meu próprio dinheiro:

– Tome, é seu, Tomazzo!

– Como conseguiu? Não posso aceitar, quanto custou?

– Isso não importa. É seu e pronto.

– Puxa, Carmoni, obrigado! Não sei como agradecer.

– Agradeça-me, tentando aprender a tocá-lo.

– Se me ensinar, talvez eu aprenda mais rápido.

– Mas claro! Que tal começarmos agora?

Pusemo-nos sentados na porta do estábulo. Ensinei-lhe os primeiros passos do instrumento, enquanto ao longe estrondeavam as bombas dos fascistas.

Passei a ver então outras cenas. Desta vez, de combates. Os fascistas estavam mais próximos e muitos se punham em fuga desesperada. Meus pais foram mortos e minhas irmãs violentadas pela fúria dos opressores. Não vendo outra alternativa, fugi em companhia dos outros. Procurei meu amigo e o encontrei junto a uma imensa massa de refugiados.

– Tomazzo! – Disse-lhe.

– Carmoni! Eu soube o que aconteceu. Venha conosco. Não tem mais nada que nos detenha aqui. Vamos para os Alpes.

– Eu prometi ao meu pai que defenderia nosso país do monstro fascista!

– Esqueça isso! Seu pai está morto, Carmoni! Não podemos dar vida a ele... Não se iluda. Prometeu-me viver naquele dia no colégio.

– Tem razão. Prometi. Você me disse: "Carmoni, eu estarei a seu lado na vida ou na morte..."

– Isso! É uma promessa, Carmoni. Uma promessa!

Nosso diálogo foi interrompido pelo barulho ensurdecedor de um bimotor alemão que se projetou no solo. Era um cargueiro. Algumas pessoas se reuniram para procurar mantimentos, armas e remédios. Tomazzo e eu fomos juntos, mas antes de chegarmos à aeronave, senti um enjoo fortíssimo, além de uma desagradável sensação de inquietação.

– Tomazzo, volte! Não vá! É perigoso!

– Precisamos de comida. É um avião cargueiro. Quem sabe encontraremos algo para alimentar nossas crianças e velhos.

Senti um calafrio terrível percorrer-me o corpo. O pequeno grupo de batedores, liderados por Tomazzo, chegou ao avião. Ele acenou para mim.

– Venha Carmoni, não há perigo! Aqui temos mantimentos. Graças a D...

Tomazzo não terminou de concluir sua frase, quando o vi envolto em um mar de chamas. O avião foi pelos ares. Seu conteúdo mais letal explodira. Eram as munições nazistas. A imagem de Tomazzo ficou gravada em minha mente e suas palavras ecoando: "eu estarei ao seu lado na vida ou na morte..."

Despertei aos prantos daquele pesadelo terrível. Donato e Amália estavam juntos de mim.

– O passado, Ruggeri? – perguntou-me Amália.

Meneei a cabeça, afirmativamente.

– Por que isso continua a acontecer?

– Para o seu esclarecimento e para que tenha a consciência de que estamos todos reunidos. Similarmente, veja que não pode ainda ir a seus familiares terrenos. Sua aproximação, além de causar-lhes inquietação e lembranças desconcertantes, por não acreditarem na vida além da morte, provocaria situações vexatórias a você, ainda em fase de adaptação à nova vida: a do espírito. Ainda tem que aprender algumas coisas antes que isso venha a acontecer, compreende?

– Afinal – interferi – eu me interrogo dia e noite quanto a isso: quem é aquela mulher com quem convivi no final do século passado? Quem é você em todas essas histórias?

– Meu irrequieto pupilo. – acudiu-me Donato. – Sua curiosidade é avassaladora. Pois bem, se quer mesmo saber, digo que fui uma espécie de "anjo da guarda", em suas duas últimas encarnações.

Amália, por um instante, interveio:

– Quem acha que terá sido aquela mulher, Ruggeri?

Fixei atentamente o sorriso brilhante de minha interlocutora e quase desfaleci.

– Jesus Cristo! Você está diferente, Amália. Nem parece a mesma!

– Como espíritos, podemos adotar a forma que quisermos e nos for permitido, de acordo com nossas necessidades. Eu preferi permanecer com a forma de Amália, nome que adotei na minha última existência, logo depois da experiência em que convivemos como marido e mulher.

– Como te amei! Rompi tabus. Superei convicções de época...

– Foi o início do seu reequilíbrio, Ruggeri. Era necessário que aprendesse que o amor pode estar entre os seres, independentemente do sexo, desfazendo os estigmas negativos da sua encarnação em um corpo feminino, séculos antes, o princípio das suas inconformações nesse campo.

– Agora faz sentido. Jesus! – em intensas elucubrações, tentei esclarecer mais uma dúvida. – E Tomazzo... Quem é? Onde está ele agora?

– Ainda não percebeu? – interrogou-me Donato.

Em pensamento, tentei verificar em cada nova criatura que havia conhecido nos últimos anos, para detectar quem era Tomazzo no presente.

– Sempre alegre, maroto, generoso, amante da vida, gosta de música e de violão... É seu fã incondicional... Não sabe quem é ele, ainda? – ajudou-me Donato.

– Mas só pode ser o...

Minha frase foi interrompida por um imenso abraço de Luiz Sérgio. Ninguém pode calcular a emoção que senti. O Tomazzo de antes era o Luiz Sérgio de agora. Ele cumprira a promessa que me fizera. Estava presente, também, na "morte".

– Que saudades, Luiz. Por que não me avisou que ficaria ausente?

– Sabe como é, chapa, o trabalho concita-nos a dar essas escapadinhas de vez em quando. Perdoe-me. Não sabia que ia ficar chateado.

– Seu hipócrita! Por que não me disse que era escritor? Li todos os seus livros...

– Você não perguntou, ora!

Passado e presente, reunidos em uma assembleia de luz, enquanto o sol, tímido, ocultava-se no horizonte, gerando indescritível ocaso. Reencontrava amigos de outras eras, elos que jamais se quebrantaram. Nem mesmo a morte o conseguiu; isso porque a morte não era nada diante do amor!

A cada passo dado, mais convencido ficava de que: *Quando tudo parece perdido, sempre existe um caminho... Sempre existe uma luz.*

O homem está a um passo de chegar a invenções que desvendarão, de vez, o mundo espiritual, comprovadamente. No passado, muita gente foi morta por tentar catapultar a humanidade para a evolução. Hoje, as fogueiras e guilhotinas se foram, porque a ciência está nos ajudando a sair da obscuridade material e moral. Em breve, já não existirão fanáticos e arrogantes. Contudo, o que vejo deste lado é que, para sermos impulsionados à felicidade, precisamos do exercício moral: a caridade. Sendo atingida, aí não haverá quem nos segure!

R. R.

11

NOSSAS VIDAS SERÃO PARA SEMPRE

Em razão da minha adaptação ao novo plano em que por ora transitava, recém-egresso da carne, ainda necessitava dormir por algumas horas.

Certo dia, Amália me acordou muito cedo, convidando-me a chegar até a varanda do quarto, que tinha visão privilegiada para uma extensa faixa da *Estação dos Jasmins*, onde se podia respirar o ar puro matinal, sem as impregnações poluentes da crosta.

– Venha aqui, tenho uma surpresa – disse-me.

– Ah, que não seja outra regressão! Por favor...

– Não, seu bobo. Venha... É coisa boa.

Ao chegar à varanda, fui surpreendido por uma salva de palmas dos muitos trabalhadores da estância, inclusive meus amigos mais diretos. Em meio à multidão, surgiu inesperadamente uma pessoa com quem tive amizade na Terra. Um batalhador pelas causas dos socialmente discriminados que, graças a Deus, obteve repercussão nacional. Vou chama-lo de "B"[11]. Abracei-o e nos emocionamos juntos.

– Quanto tempo, amigão! – disse-me trêmulo.

– Meu Deus! Tanto que desejei a felicidade e a encontro aqui neste lugar tão belo, junto com pessoas a quem aprendi a amar. E você, como está, "B"?

– Recuperando-me... Não foi nada fácil lutar contra a AIDS e, muito menos, contra a minha ignorância quanto aos assuntos espirituais. Ainda sinto muitas dificuldades, principalmente de locomoção.

– Também senti essa dificuldade. Graças a Deus e aos que me auxiliaram, pude optar pela reconciliação com a eternidade. Encontrei coisas e pessoas fascinantes.

– Pedi para vir aqui especialmente para agradecê-lo por não ter esquecido a minha causa, que era nossa, digamos assim, como também lhe pedir que interceda junto aos nossos amigos encarnados, para que não deixem de continuar aquilo que iniciamos. Fui informado de que você escreveria um livro. Logo, pedi aos que me assistem para vir aqui. Só que me disseram: "Primeiro tem que se recompor!".

"Livro?" – pensei surpreso e prossegui.

---

11 Nota do médium – referência a um famoso sociólogo brasileiro, desencarnado em 1.997, vítima da AIDS.

– Quando no início, passei por semelhante experiência. Mas tenho certeza de que nossos amigos não abandonarão a causa que abraçamos quando em vida.

– Gente, mas por que toda essa comemoração? – brinquei com os presentes, olhando para eles. – É por causa do "B"? – perguntei-lhes, enquanto apenas aplaudiam.

Donato veio em meu socorro:

– Ruggeri, hoje estamos comemorando três anos da sua chegada nesta Estação e pedimos aos nossos superiores para lhe fazer uma surpresa.

– Tá brincando? Aniversário de desencarnado... É o fim!

– Se você acha "o fim", saiba que para nós, momentaneamente, pertencentes ao plano espiritual, é como se você tivesse renascido para Deus e para nós. Portanto, não nos queira mal por comemorarmos seu aniversário – complementou Amália.

Reconhecendo que fui inadvertidamente injusto com todos, abracei minha protetora e agradeci em voz alta aos que estavam ali reunidos.

Foi um dia agradabilíssimo! Após me despedir de "B", que haveria de retornar aos seus aposentos, voltei a trabalhar com os companheiros e o fiz com muito gosto, cantarolando algumas das minhas canções.

Ao mesmo tempo, fiquei meditando sobre o que poderia fazer para resgatar o passado recente. Meu ímpeto de batalhador inquietava-me. Sentia a necessidade de fazer algo mais, quando estivesse recuperado. Os jovens e as pessoas precisavam saber que continuava vivo, cheio de esperanças e que havia encontrado a felicidade... O amor. A partir daquele dia, as palavras iniciais de "B" fluíram com mais intensidade na minha mente: "Um livro".

Muito depois, conversando embaixo de uma espécie de árvore, que me pareceu uma mangueira, densamente copada, resolvi expor aquilo que me compungia o espírito. Armado de coragem, então falei a Donato e Amália.

– Amigos, não me tenham mal. Há vários dias venho pensando em uma maneira de ser mais útil ao próximo. Sinto-me feliz trabalhando com os *escravos do vício* e, para mim, não pode haver tanto retorno e tanta satisfação quanto isso. Contudo, o desejo é fortíssimo! Gostaria de fazer algo mais, já que não posso cantar para os encarnados. Andei refletindo e decidi centrar esforços no sentido de voltar a escrever para os terrícolas, como fez Luiz Sérgio. Li todos os livros dele, além de inúmeros outros. Vi exemplos de abnegação, altruísmo e devotamento dos espíritos comunicantes e dos próprios médiuns, que lhes deram guarida, em perfeito conchavo. Não sei se tenho algum mérito, mas, se Luiz conseguiu, além de outros também, pretendo fazer o mesmo; claro, se houver permissão para tanto.

– Bravo, Ruggeri! Ficamos felizes com sua iniciativa. Esperávamos a sua manifestação de interesse – felicitou-me Donato e continuou: – A Espiritualidade Superior tem aberto portas para trabalhos do tipo que você pretende iniciar. O Brasil tem perdido ícones valorosos nos diversos campos da atividade expressionista, principalmente na área da comunicação em massa. Outros são retirados compulsoriamente, para não se alargarem em dívidas. É chegada a hora de artistas, literatos, músicos, esportistas, sociólogos e muitos espíritos valorosos darem o seu testemunho ao mundo descrente, por meio de instrumentos que sintonizarem com suas inspirações. Você foi precedido por outro astro do *rock* nacional. Não tem sido muito fácil encontrar alguém predisposto a lhe dar passagem. A dúvida, os percalços materiais, a desarmonia dos médiuns, seus lares em desalinho, Centros Espíritas sem a caridade prática e outros tantos fatores, na maioria das vezes, têm sido entraves que ensejam a perda do fio da meada com os comunicantes do nosso plano. A sintonia nem sempre é possível, apesar dos esforços. Em breve, teremos inúmeros livros de autores espirituais, que em vida foram muito importantes para os homens, doravante, importantíssimos para o projeto de Deus na transformação dos destinos do mundo.

– Que barato! Como isso me deixa feliz. E quando posso começar? – esbocei, em frenesi.

– Primeiro, há necessidade de o prepararmos, terá de conhecer melhor os mecanismos do intercâmbio da psicografia. Ao mesmo tempo, nos ocuparemos em encontrar alguém para uma sintonia adequada e início dos primeiros contatos. Há um precedente emocional que merece cuidado. Temos de levar em conta as suas energias, que não podem prejudicar o intermediário que deverá recebê-lo, pois ainda se encontra em tratamento e adaptação. Seu corpo energético ainda está impregnado com toxinas que podem prejudicar quem o possa receber. Deverá considerar também o aspecto emocional. O contato com alguém não deverá despertar fortes emoções que venham causar desequilíbrio, principalmente a vaidade. Não só você, como também o receptor, precisam estar sensivelmente equilibrados, para não desviar a real finalidade do trabalho. Por fim, necessitamos constituir uma equipe que possa assessorá-lo. Como vê, existe todo um aparato para concretizar tão árdua e solene tarefa.

– Epa! Esbarrei na primeira parede. Quem poderia me ajudar nisso? – perguntei um tanto aflito.

– Quanto a isso, não se preocupe – garantiu Amália, reconfortando-me. – Deus tudo provê, e, se for para o bem da humanidade e o adiantamento dela, tenha a certeza de que tudo sairá bem. É importante que se prepare e aprenda a confiar na Providência. Lembre-se...

—...Nenhuma folha cai de uma árvore sem a vontade de nosso Pai. – completei sua frase.

– Nossa! Viu só, Donato? O nosso garoto já está lendo pensamentos – comentou Amália.

Claro que até eu fiquei espantado com minha iniciativa. Julgava ser difícil ler os pensamentos. Mas acho que foi apenas um golpe de sorte. Fruto do cálculo rápido que sempre tive.

– Sei o que pensa, filho – intercedeu Donato. – Saiba que a linguagem fluente em nosso meio é o pensamento. Articulamos nossa arcada mandibular por questão de conveniência, uma vez que nem todos os espíritos têm evolução suficiente para entender esse processo.

– Mas eu não sou evoluído! – retruquei.

– Pode não ser tal como imagina, mas você é antiquíssimo. Nós pertencemos a uma nação espiritual, não falando isso em sentido discriminatório, que há milhares de anos, para cá foi recambiada em exílio, por não existir compatibilidade moral com a evolução do planeta em que vivíamos. Sofremos inúmeras transformações para até aqui chegar. A reencarnação foi uma bênção para que atingíssemos o estado atual. Velhos iniciados nas escolas filosofais conhecidas, nos perdemos em desalinho para com os desígnios do Alto e, hoje, por mercê da bondade daqueles que nos assistem, tentamos resgatar nossos erros por intermédio do amor. Agradeçamos a Deus por tudo.

– Sim! Quero estudar, crescer e aprender o que me for permitido. Peço que intercedam por mim junto aos dirigentes maiores. Tenho certeza de que farei melhor a minha parte.

– Saiba que isso pode levar muito tempo, até que consigamos permissão.

– Esperarei o tempo que for necessário.

De fato, esperei meses até conseguir a liberação para iniciarmos o trabalho junto à crosta terrena e, enquanto a resposta não chegou, trabalhei fervorosamente, estudando por horas a fio, no tempo dedicado às folgas. Amália foi um sustentáculo inconteste nessa preparação. É como se revivêssemos o passado juntos. Que pessoa fantástica! "Mais dia, menos dia, a resposta chegaria". Essa era a minha esperança.

E ela veio! Luiz Sérgio, com um sorriso descomunal, foi quem a trouxe, dizendo:

– Chegando o correio do além! Meus parabéns, Ruggeri, você venceu!

– Tá de brincadeira comigo?

– Não... É sério! Seu pleito foi aceito pelo conselho. Começaremos semana que vem.

A felicidade não cabia em mim. Ajoelhei-me e, de mãos postadas, orei como se fosse uma criança, agradecendo a

Deus pela oportunidade de refazer minha trilha de desacertos. Saltitei de alegria e fui correndo avisar os amigos.

Quando mais calmo, agradeci ao Luiz Sérgio. Sentia que ele havia sido influente nos acontecimentos.

– Pode parar aí, amigo! Aqui não existe pistolão, nem "Lei de Gérson"[12] – brincou.

– Afinal, o que motivou o conselho a aceitar a minha proposta?

– Afinal... Isso realmente importa agora, Ruggeri Rubens?

– Não. Claro que não...

– E não me agradeça! Trabalhe feito uma "mula de carga" e, por favor, não olhe para trás – brincou e arrematou. – Esse é o agradecimento que deve, não a mim, mas a Deus – replicou a última frase em tom mais sério.

– Donato me falou que poderiam existir problemas de sintonia fluídica.

– Isso não será problema seu, Ruggeri. O que lhe cabe é o trabalho. Vem comigo!

Luiz me conduziu a um complexo de salas, onde antes, não tínhamos permissão para adentrar.

– Aqui é o laboratório experimental do Dr. Hans, a quem chamamos carinhosamente de Pascoal – tranquilizou-me Luiz. – Não se impressione com ele. Vou apresentá-lo.

12 Lei de Gerson - chavão usado na década de 70 devido a uma propaganda em que o ex-jogador da seleção brasileira, Gérson, tinha como lema "levar vantagem em tudo".

Ao ver Pascoal, não pude deixar de me impressionar. No primeiro contato, achei-o estranho e desengonçado. Parecia ser um europeu: alto, louro e com um olhar muito contundente.

– Como vai, cara, tudo legal? – cumprimentei-o, estendendo o braço, gesto que ele não correspondeu.

– Não repare... – sussurrou Luiz. – Ele é assim mesmo; mas é boa pessoa.

– Vamos ao que interessa! – interferiu Pascoal, com um fortíssimo sotaque alemão, parecendo aborrecido.

Mostrou-nos uma roupa, semelhante a um *wetsuit* de surfista, só que mais maleável e quase transparente, constituída de material finíssimo, cheio de fios interligados a uma espécie de bateria ou módulo de comando.

Teceu-nos detalhes técnicos de como funcionaria a roupa ou espécie de *escafandro psicoenergético*, como ele mesmo nomeou. Confesso que tive vontade de rir daquilo. Parecia coisa de cientista maluco, mas contive-me, pois lembrei das cenas que assisti no principado de Sodom, concluindo que a ciência está em toda parte, do mais baixo ao mais alto dos mundos; na vida material ou fora dela.

Após os esclarecimentos, despedimo-nos e saímos. Mal fechamos a porta do laboratório e comecei a rir, indiscriminadamente.

– Ué, qual a graça, hein? – interrogou Luiz, inconformado.

– Que cara mais estranho! Parece coisa do livro *O médico e o monstro*.

– O que você acharia se rissem do seu estado, quando chegou aqui dentro daquela bolha de fluidos?

Calei-me diante do tapa moral. Luiz esclareceu-me:

– Hans é um espírito muito endividado com as ciências. Durante a Segunda Guerra Mundial, fez experimentos com prisioneiros e judeus em campos de concentração. Sofreu amargores após desencarnar. Reconhecendo seus erros, angustiado, em meio à perseguição dos seus inimigos, pediu a Deus oportunidade de resgatar os débitos. Foi socorrido há muito tempo e, desde então, trabalha, desapegadamente, a bem do próximo. É desse tipo de laboratório que sairão, futuramente, muitos equipamentos e mecanismos que ajudarão a ciência a estreitar os laços com o universo espiritual, principalmente na área da *transcomunicação instrumental*.

– Eu li um pouco sobre o assunto – respondi, reconhecendo a asnice que cometera e a falta de humildade, criticando com o gracejo contundente. Desfazendo-me da presença de Luiz, por alguns instantes, retornei ao laboratório. Hans ia me dizer alguma coisa, mas eu não permiti e o abracei fortemente.

Perplexo, ele não disse nada. Falei-lhe com emoção.

– Perdoe-me, Hans. Deus lhe pague!

Em seguida, retirei-me, estacionando brevemente à porta, quando pude perceber que Hans deixara escorrer duas pequenas gotículas pela face alvinitente da sua tez ariana. Em outras épocas, eu teria ódio aos nazistas e fascistas. Mas, ali, aprendi uma lição valorosa. Nossa ignorância sobre as coisas do Eterno é que nos arrasta aos precipícios.

"Deus! Os nazistas também têm sentimentos! Quem era eu para julgá-los? Somos todos imperfeitos e era isso que nos tornava iguais... E antes eu não compreendia tal justiça" – concluí minhas curtas considerações mentais, acenando, então, ao cientista e dizendo:

– Em breve nos veremos, Hans... Valeu!

Ele, finalmente, retribuiu o aceno. Como inúmeros seres, Hans também estava em busca de descobrir o verdadeiro amor.

***

Em virtude das ocupações, não percebi o tempo passar rápido. Estudei, trabalhei, repousei pouco, tentando reparar o tempo perdido que desperdiçara me "suicidando" no vício, material e moral, extinguindo minha cota vital.

Agora estava muito feliz! As digressões ao passado já não perturbavam tanto. Aliás, as recordações foram necessárias ao meu adiantamento, suportando-as com a certeza de que o presente era de suma importância. Seria nele que eu haveria de reconstruir o futuro.

Interessante como as fases de minha última romagem terrena, como músico e compositor, se moldaram quase que perfeitamente ao trabalho da banda que liderei, na razão inversa da ordem em que as regressões mentais, do lado de cá, surgiram.

Nosso trabalho ficará marcado para as gerações futuras que, certamente, o conhecerão. Devo isso a Deus, cuja essência estou aprendendo a conhecer melhor, aos meus parceiros da banda, que permaneceram na Terra e aos que me assistiram; os invisíveis aos olhos materiais.

Certa feita, escrevi:

Na vida terrena, como se o barco da minha consciência tivesse naufragado, nadei contra a correnteza e fui absorvido por ela. Permiti-me cansar, sem divisar o farol da eterna luz, perecendo à beira-mar da minha existência.

Realmente, entregara-me, quando não mais vislumbrei nenhuma possibilidade de continuar sobrevivendo. Para mim, tudo estava consumado...

Experimentara do belo ao bizarro, mas não encontrara aquilo que estava tão perto ou dentro de mim: o amor.

Engraçado, precisei "morrer" para reaprender a viver. Como fui pretensioso, achando que fizera o máximo. Tolice! Falhara, em parte, na minha missão, pois se tive oportunidades ímpares do conhecimento e certas facilidades que a fama trouxe, ela me entorpeceu os sentidos, projetan-

do-me no abismo da insensatez, recaindo no vazio da solidão acompanhada; a pior de todas.

Não conhecendo o real sentido da fraternidade, da caridade, da compaixão e da decência, tão faladas nas minhas letras, escorreguei na depressão, descendo pelas veredas largas do abuso, em direção ao inferno consciencial, pois somente as praticando é que se pode reaprender o caminho da verdade, que está a me conduzir, sem asas quiméricas, ao eterno e inquestionável AMOR.

* * *

Os primeiros contatos mediúnicos foram experiências decepcionantes, muito embora previsíveis, segundo os que me orientaram. Deparei-me com a descrença, o orgulho, a pretensão e a vaidade de alguns médiuns. Uns até conhecidos; outros, ainda iniciantes, julgaram-se incapazes e não aceitaram o desafio de receber um espírito não evoluído.

A equipe que me assistiu levou meses até achar um aparelho que nos desse guarida, sem questionar se eu era "espírito de luz" ou não; se era um miserável ou um nababo; se proveniente do inferno escatológico ou egresso dos píncaros celestiais.

No final de 1999, já tínhamos estabelecido acampamento em algum lugar no nordeste do país, que, segundo descreveu Luiz Sérgio, é região de dolorosos resgates, onde espíritos milenares ainda se debatem na prestação de contas para com a justiça de Deus. Seria, pois, nesse lugar de simplicidade e de gente sofrida que eu haveria de recomeçar minha jornada; desta vez, sem músicas, pompas, publicidade, shows ou imensas plateias aplaudindo.

Simples... Do nada! No anonimato e oculto por um pseudônimo. Indizível a satisfação, quando me permitiram rever meus pais, amigos, parentes, embora vestido na roupa de Hans, face à minha debilidade energética, para não prejudicar ninguém.

Para equilibrar meu corpo psicossomático, com a finalidade de excretar eventuais toxinas adquiridas com os vícios, tive antes de participar de mais reuniões mediúnicas, as quais, infelizmente, ainda se restringiam aos estreitos círculos dos adeptos da Doutrina Espírita; tal o preconceito, tal o desconhecimento!

Desmanchei-me em emoções ao estar pela primeira vez com os meus pais, quando desprendidos dos seus corpos físicos, na oportunidade do sono reparador. Tentei convencê-los a aceitar os fatos novos. Talvez nem se recordem disso. Os sonhos nem sempre são reflexos condicionados da vida diária ou lembranças da existência atual. Como espírito, sem o corpo de carne, vi que também podemos visitar aqueles que nos são mais caros e encontrá-los, quando estiverem desligados da matéria, pelas portas do sono.

Muito devo àqueles que tudo fizeram para me tornar alguém mais feliz. Deus os abençoe! Indefinível a alegria ao abraçar o meu filho.

Che nostalgia!

Senti-me culpado por tê-lo deixado tão só. Achei que fui meio covarde, ensimesmado em projetos pessoais, mesmo pressentindo a foice da morte a capinar minhas forças. Pedi perdão a ele. É um grande espírito. Renascentista de outrora, capaz de prosseguir e de superar, se souber aproveitar o que recebeu e ainda recebe.

Mas tudo bem... Tudo bem... O pouco depositado em seu coração deverá ser o suficiente para que tenha noção exata de que, apesar das barreiras do preconceito e da dor que expressei ardentemente, eu o amava, o amo e o amarei... *Per sempre*!

Peço ao gestor do universo que me permita interceder, doravante, por todos eles, preparando-lhes um porvir repleto de paz e de tranquilidade...

Mas digam o que disserem, eu estarei aqui esperando vocês... Meus pais... Meu filho... Meus fãs... Meus amigos mais caros.

Para uns, a caminhada começou há séculos. Para outros, a partir de agora! Espero contribuir de alguma maneira para a evolução. O Mestre Galileu disse-nos: "Bem-aventurados os que têm ouvidos de ouvir". Amigos, a música do céu já começou e vocês nem estão captando. Portanto, abram os ouvidos, mas, em nome de Deus... Abram também o coração e a razão.

R. R.

12

O CAMINHO? SÓ HÁ UM...

Meus pais...

Sinto-me no dever de dizer que estou bem. Não é pelo fato de que estive ou ainda estou debilitado, face aos abusos cometidos, que eu esteja impedido de prosseguir.

Ninguém vai me dobrar!

Aquilo que a gente pensa ser o ruim, na verdade, é o bom para nós, entendem? É que não sabemos sofrer. Se soubéssemos, certamente, sairíamos muito bem de todas as batalhas, sendo a maior delas a que devemos travar para derrubar nossas muralhas íntimas.

O nome com que me batizaram foi providencial. Na realidade, renasci das cinzas para galgar a luz da esperança. Sei que ficarão surpresos e indignados até.

– Que coisa absurda! Fiasco! Enganaçao! – dirao.

Isso é previsível. Queiramos ou não, somos todos previsíveis. O que não se prevê é aquilo que não conhecemos ou fechamos as portas para conhecer: o nosso indevassado interior.

Quantas e quantas vezes já renascemos e morremos? Quem de nós poderá calcular? Mesmo assim, unidos pelo afeto de sempre, continuamos juntos.

Vocês ainda querem que *R. R.* viva? Desejam me dar uma casa póstuma? Não se ocupem com isso, pois o *pop star*, o "messias" da mídia, o cantor está e estará vivo nas obras deixadas. As pessoas cultuam essa personagem na vã ilusão de que me perderam... Mas me ganharam! Portanto, não precisam erguer templos em minha memória, pois o amor nunca morre e o templo há de ser o coração. Aliás, meu corpo foi devolvido ao planeta.

Perdoem se estou sendo amargo, mas muito obrigado por terem realizado minha vontade. É que existem espíritos e seus corpos ainda vagando no meu país material, sedentos de amor, compreensão, precisando de agasalho, leito, teto, um prato de sopa, dignidade, atenção, medicamentos, médicos, respeito! E, quem sabe, um simples sorriso, gente!

Caso as pessoas desejem me cultuar em seus corações, basta que façam o bem para quem precise; parente ou não, amigo ou não, conhecido ou não, rico ou pobre, pessoa ou animal. Dedicando esses gestos ou atos em minha memória, será a mim que o farão, pois vivo dentro de vocês, sabem?

Isso existe! Fazer o bem a quem necessita e dedicar àqueles a quem amamos, quanto bem isso gera! Tem mais forças que mil ladainhas, pois é prece em ação!

Querem conversar comigo? Falem com o coração, pensem e ajam com ele e eu estarei convosco, mesmo não sendo Jesus. O espírito sopra onde quer!

As pessoas até precisam dessas manifestações; ver um monumento construído em homenagem àquele que fui. Contudo, eu não preciso mais disso. Nem de ramalhetes, velas, missas ou coroas. Digam a eles que se amem! Façam o bem...

Quem me amou de verdade construirá um mundo melhor, sem dores, guerras, maus-tratos com as crianças, mulheres ou animais; sem fome, violência, preconceitos, discriminações, pois eu fui isso daí: luta! Tentei ser forte e ainda continuo tentando, mas com outras armas, compreendem? É uma batalha desigual e eu peço que me ajudem.

Talvez até achem estranho o meu modo de expressão, mas é que, depois de viver as experiências pelas quais passei, a gente muda e certos comezinhos perdem o sentido de antes. Vivenciando a lição da imortalidade consciente, doravante, tornei-me um ferrenho defensor da causa, até que se aniquile toda a ignorância em torno de assuntos tão debatidos em séculos e séculos de profetas e exemplificação de grandes mestres. Algum dia, haveremos de nos reencontrar pessoalmente. Aí vou perguntar: Como é, fizeram o que pedi?

Sinto muitas saudades, principalmente de você, maninha e não é sempre que vou poder estar perto de todos. Sei que você pensa um bocado em mim. Já a vi chorando de tristeza. Não faz isso! Chorar de felicidade pelo amor que temos um pelo outro até que dá para aguentar.

Olha, eu trabalho um bocado para me manter firme, consciente. Assim que posso, visito-os, abraço-os, beijo-os, converso com vocês "em sonho". Engraçado! Não me veem, mas de alguma maneira me sentem. Lembram-se de mim como se eu fosse uma projeção das suas mentes saudosas. É fantástico! Isso, sim, merecia ser transmitido pela Globo, o laço imperecível do afeto entre as criaturas que continua além da vida física.

A gente não muda por ter "morrido". Continuo o mesmo, só que mais consciente do que devo fazer, doravante, para não ser mais um alienado, perambulando pelo mundo feito gado. Ainda penso e sinto como gente do planeta Terra, como ser humano, vivente.

Ninguém faz ideia do que passei do lado de cá, por ser um ignorante moral. Não há pessoas ruins... Só ignorantes! É isso aí! Muita coisa nem sequer pude relatar por ser demasiadamente picante, descabida ou inadequada, pois os guias me disseram: *Somente o essencial!*

Meu sofrimento diante de vocês não foi nada, se comparado às experiências mordazes que passei depois da desencarnação, frutos da minha intranquilidade consciencial, traumatizada por erros de outras existências e da qual saí há bem pouco tempo... E nem tudo posso contar!

Apesar do tempo exíguo desde o desenlace carnal até aqui, posso me qualificar um sujeito feliz. Feliz, porque trabalho arduamente para obter merecimento. Feliz, por saber que posso lhes preparar a chegada e, se créditos tiver, até mesmo recebê-los, pessoalmente. Feliz, porque meu filho e meus amigos da banda continuam suas trilhas pessoais.

Não se enganem! Ninguém morre! Renascemos e não há sistema ou crença que possa mudar o que estou a dizer, pois são frutos da minha trilha pessoal. Eu experimentei, gente!

Sei que desejarão obter provas, dados ocultos, intimidades que só nós sabemos, coisas que deixei, segredos, cartas escritas e assinadas com minha letra etc. Mas Deus nos relega o benefício da dúvida a fim de que busquemos, pelo livre-arbítrio, o que mais pareça certo, justo, o que mais nos aproxime dos preceitos do Evangelho, deixado pelo verdadeiro Messias: Jesus!

O Criador não está a nosso favor quando queremos descortinar certas coisas ocultas, da forma como desejamos e sem estarmos preparados. E vejam que digo a verdade, pois o filho mais elevado que Ele nos enviou "nasceu para servir e não para ser servido", nem tudo pôde dizer às claras, apenas por parábolas.

Logo, meus queridos, não podemos Dele exigir provas. Cada um deve buscar a "salvação", "eleição" ou construção do seu próprio templo interior, entendem? Ou se acredita ou não...

Que digam o que disserem, propaguem, difamem, duvidem se sou eu ou não, que importa? Vocês ou alguns outros saberão me reconhecer nas entrelinhas. Ruggeri fala por si, mas Jesus falou por seu Pai: *Ninguém poderá ver o reino de Deus se não nascer de novo, da água e do espírito, da reforma íntima e da prática do Evangelho.*

Francisco de Assis suplementou o seu mestre: *morrendo é que se vive para a vida eterna!* E pouquíssimos compreendem. Esquecer-se disso é atirar na lixeira da inconsequência tão valorosas pérolas, riquezas que abandonamos em troca de luxo, reconhecimento e fama.

Saibam, meus pais, que muitos dos imigrantes estão aqui, esperando por vocês, algum dia, quando para cá vierem.

Siamo tutti contenti!

* * *

Meu filho, gostaria de falar-lhe abertamente, mas nem tudo posso, a fim de preservar o seu futuro e livre-arbítrio. Terá valorosa estrada pela frente.

Use o coração, mente e capacidades para engrandecer a si, aos seus, às pessoas que nem sequer conhece e que estão no seu mundo ou fora dele, pois fazemos parte de uma imensa família: A universal!

Nossos maiores inimigos têm sido as vicissitudes, estas que nos pesam como âncoras, fazendo que sejamos atados ao lodo do egoísmo e da vaidade. Para crescer com dignidade, deve-se conhecer, respeitando suas próprias limitações, como pessoa sensível que é. E seja muito feliz!

Estou fazendo o que posso para estar ao seu lado. Não tenho moral elevada para ser considerado um "anjo da guarda", mas, quando a dificuldade apertar, quando se sentir sozinho ou duvidoso, pense então com o coração, aja com a razão, que alguém vai me substituir até que eu possa estar contigo, dividindo o calvário. *Ainda teremos muito para contar. O seu mundo começa agora... Está apenas começando...*

Ti voglio troppo bene, figlio. Ti amo!

* * *

Jovens, adultos, crianças, homens, mulheres, brancos, negros ou índios, ricos ou pobres que escutaram minhas composições, que as amaram ou as repudiaram, rogo a Deus poder estar com vocês mais vezes, mostrando que a arte do amor há de dominar seus corações. Sem ele, o amor, nos tornamos natureza morta no quadro de ascensão para a luz da imortalidade racional.

Não se permitam iludir por promessas. Somente pela compreensão das Leis eternas atingiremos a tal felicidade, quando soubermos o que é o amor e pudermos senti-lo nas mais íntimas fibras, realizando a vontade do Criador. Quem pensar que vai conseguir o "céu" apenas com esmolas, ladainhas, artifícios ou riquezas materiais, estará equivocado. O "céu" já não é perto daqui. Imaginem daí!

Salvação é um estado d'alma, e só é possível àqueles que se submetem a essas leis das quais falo e as cumprem. Não há mérito na honraria terrena, na fama, no sucesso ou no poder. Neles, apenas encontramos dor, solidão, infelicidade causada pelo egoísmo, pois, como somos inferiores moralmente, ainda não sabemos como utilizar forças tão poderosas para o bem da humanidade. O segredo, então, está em se doar ao próximo, literalmente, utilizando as mãos, o corpo e a mente com a caridade.

Amem-se, primeiro a si, depois aos outros, sem preconceito, respeitando os limites das realidades individuais, aceitando quem somos, sem excessos, sem abusos. Isso fará a grande diferença, pois a verdade não tem partidos, sectarismos ou crenças, e o Criador simplesmente nos permite a vida. Nós não nos permitimos ser felizes.

Saibam que o "vício" chamado AMOR é a mais eficaz das drogas que pude usar até agora. O resto é pura ilusão!

***

Músicos, artistas, literatos, desportistas, atores e todos os que lidam com o expressionismo: que possam reformular seus conceitos de atuação nas suas respectivas áreas.

São importantes, mas não são ídolos! Não são deuses! Apenas pessoas que desejam ser felizes. Não se permitam iludir pelo mérito das riquezas, pois tudo isso se torna vago diante do palco da eternidade, em que nos sentiremos insignificantes se não praticarmos a caridade, se não tivermos a humildade para reconhecer que Deus só há um e que a reforma íntima é o único passe para o time dos vencedores.

A todos, resta uma esperança. Não desanimemos jamais!

Existiram avatares, como o maior deles: Jesus! Porém, enquanto houver individualidades como Donato, Amália, Antônio, Luiz Sérgio e outros no nosso caminho, tenhamos certeza de que o legítimo Messias estará conosco, por meio deles. E quando aprendermos a ser como eles, teremos Deus em nós regendo um sinfônico nascer do sol da esperança em nosso cosmo interior.

Lembrem-se!

Por mais que tudo possa parecer perdido em sua vida, quando a existência aparentemente não sorrir, quando a dor quiser ocupar devagarzinho o espaço da felicidade, quando as lágrimas sufocarem a ventura, saibam: Sempre haverá uma luz... Sempre existirá um caminho... e não estaremos sozinhos.

Acreditem!

Desejo-lhes muita paz e, se houver permissão d'Aquele que tudo vê, tornarei a me comunicar.

Arrivederci!

R. R.

Quando nasce um filho, a gente não tem mais intendência, nem domínio de si. Já não somos nós e, sim, eles! Não quero que meu filho fracasse, assim como não desejo que nenhuma criança ou jovem seja derrotada pela incúria dos adultos. Jovens, não sejam seus pais! Eles viveram as experiências deles. Apenas os compreendam, pois caminharam um pouco mais. Querem o melhor para vocês. Ame-os! Mas sejam vocês mesmos. Respeitem seus limites, procurem frenar diante das leis humanas e naturais, para que não caminhem como se fossem animais inconscientes. Cada um tem uma realidade diferente, uma trilha, um destino, uma luz. Procurem!

R. R.

13

O AMOR, VOCÊ E ALGO MAIS...

Per mio figlio...
Não importa o que eu pense de mim, do mundo ou de você.
Só entenda que não aprendi a amar tão bem.
É arte difícil da qual nem sei conhecer.

No silêncio do meu quarto, quando todos já não sonham.
Estou aqui sonhando, pensando, em te rever.
Pra ser sincero, eu só não quero é perder a consciência.

Na luta entre o poder e o dever ser.
Perco o meu rumo, por não saber me controlar.
Só amar, sem perceber, e isso é difícil.
Quero crer que vou vencer.

Algum dia, vou olhar para trás e ver que nós vencemos...
A mais dura das batalhas.
Não somos heróis de nada.
Perder tempo consigo é bem mais que lição.

É a verdade que só se encontra no íntimo do coração.
A bondade é o que desperta, somos anjos na floresta.
Tentando achar a luz.

Quero todos, quero o mundo, quero você e algo mais.
O inseto tem armas, mas não fere a flor que o alimenta.
Assim serei contigo e com todos que me saciam,
a sede incontida de amar.

Minhas armas vou guardar para mim mesmo.
A fim de que não fira os corações.
Pois quero tudo, quero o mundo, quero você e algo mais.

R. R.

(*Mensagem recebida em 24 de abril de 2000, às 6h30*)

CHAMA

CENTRO HUMANITÁRIO DE AMPARO À MATERNIDADE

O CHAMA - Centro Humanitário de Amparo à Maternidade, Estação dos Jasmins, é voltado para o acolhimento e tratamento integral humanizado de mulheres gestantes dependentes químicas, ou não de qualquer faixa etária, oriundas de qualquer localidade, acompanhadas ou não de seus filhos menores de seis anos de ambos os sexos, que estejam em situação de vulnerabilidade social, desde que devidamente encaminhadas pelos órgãos competentes.

Os objetivos são desenvolver ações de promoção, prevenção, tratamento e recuperação de mulheres gestantes em situação de vulnerabilidade ou suscetíveis de vários agravos relacionados ao uso/abuso de substâncias psicoativas em regime de internação.

O CHAMA atua nas áreas da saúde, educação, proteção social e segurança alimentar nutricional, agroecologia, atividades socioculturais e educativas, direitos humanos e prática da cidadania. Também faz parte do CHAMA desenvolver e implementar programas e projetos de formação e qualificação em diversas áreas visando a geração de empregos. Além de desenvolver os vínculos e competências familiares.

A equipe do CHAMA é composta por psicólogos, assistente social, terapeutas holístico, terapia comunitária e especialistas em dependência química.

O médium, Sérgio Luis, cedeu os direitos autorais deste livro ao

CHAMA - Centro Humanitário de Amparo à Maternidade

Rua Dr. Raimundo Guimarães, 181 - Coité - Eusébio - CE - CEP 61.760-000

chama.abrigo@gmail.com

intelítera
editora

Para receber informações sobre os lançamentos da
INTELÍTERA EDITORA,
cadastre-se no site

www.intelitera.com.br

Para saber mais sobre nossos títulos e autores, bem como enviar seus comentários sobre este livro, mande e-mail para

atendimento@intelitera.com.br

Conheça mais a Intelítera

youtube.com/inteliteraeditora

facebook.com/intelitera

www.instagram.com/intelitera

soundcloud.com/intelitera

Este livro foi impresso na
LIS GRÁFICA E EDITORA LTDA.
Rua Felício Antônio Alves, 370 – Bonsucesso
CEP 07175-450 – Guarulhos – SP
Fone: (11) 3382-0777 – Fax: (11) 3382-0778
lisgrafica@lisgrafica.com.br – www.lisgrafica.com.br